Lojong

Der buddhistische Weg
zu Mitgefühl und Weisheit

Lojong

Der buddhistische Weg zu Mitgefühl und Weisheit

Ein Kommentar zu
Ja Chekawa Yeshe Dorjes
Geistestraining in Sieben Punkten

verfasst von
Shamar Rinpoche

ins Englische übersetzt und herausgegeben von
Lara Braitstein

Deutsche Übersetzung: Tina Draszczyk

NORBU VERLAG

Bibliografische Information der Deutschen Bibliothek
Die Deutsche Bibliothek verzeichnet diese Publikation in der Deutschen Nationalbibliografie; detaillierte bibliografische Daten sind im Internet über http://dnb.ddb.de abrufbar.

Titel der englischen Ausgabe: The Path to Awakening
erschienen bei Motilal Banarsidass, Neu-Delhi

ISBN 978-3-944885-32-2

Umschlaggestaltung und Satz: Gerd Pickshaus
Kleines Foto (Atisha), Cover © Jigme Rinpoche
mit freundlicher Genehmigung des »Karmapa Documentary Project«
Foto, Umschlagklappe: © Ginger Neumann
Foto S. 48 © Jigme Rinpoche
mit freundlicher Genehmigung des »Karmapa Documentary Project«
S. 36 und 80 © Derek Hanger

Druck: Steinmeier GmbH & Co.KG, Deiningen

Gedruckt auf alterungsbeständigem, säurefreiem Papier
aus chlorfrei gebleichtem Zellstoff

Dieses Buch ist dem Frieden in unserer Welt
und dem Wohlergehen
des buddhistischen Königreichs
Bhutan gewidmet,
jenem Land, das mir die Möglichkeit gab,
in dieser Welt zu lehren.

Shamar Rinpoche

Inhalt

1.

LERNE DIE VORBEREITUNGEN 49

2.

SCHULE DICH IN DEN ZWEI ARTEN VON BODHICITTA 81

3.

WANDLE SCHWIERIGKEITEN IN DEN PFAD DES ERWACHENS UM 104

Einleitung der Herausgeberin der englischen Ausgabe

Atisha (982–1054 n. Chr.) zählt zu den seltenen Gestalten der tibetischen Geschichte, über die es keinerlei Kontroversen gibt. Als allgemein anerkannter Meister wird er für seinen umfassenden Beitrag zur Wiederbelebung des Buddhismus in Tibet am Anfang der tibetischen Renaissance (950–1200 n. Chr.) sehr verehrt. Bis heute nimmt sein Beitrag in allen Schulen des tibetischen Buddhismus einen wesentlichen Stellenwert ein. Zu den nachhaltigsten Aspekten seines Vermächtnisses zählt, dass er das sogenannte *Lojong* oder Geistestraining in das religiöse Leben Tibets eingeführte. Diese *Lojong*-Lehren führen beim Praktizierenden, durch Schulung in Mitgefühl und dem Entwickeln von Weisheit, zu einer tiefgreifenden geistigen Entwicklung. Diese sowohl praktischen als auch tiefgründigen Lehren haben – trotz der gravierenden Veränderungen des kulturellen Umfelds im Verlauf des vergangenen Jahrtausends – weder an Beliebtheit noch an Bedeutung verloren.

In Tibet hat – dem intellektuellen Interesse seiner buddhistischen Gelehrten entsprechend – seit Atishas Zeit eine außergewöhnliche Verbreitung der tibetischen *Lojong*-Literatur stattgefunden, die in prägnanten Aphorismen, Gedichten und Prosa-Kommentaren ihren Ausdruck gefunden hat. Zu den allgegenwärtigen Elementen dieser *Lojong*-Literatur zählt z. B. Chekawa Yeshe Dorjes (1101–1175 n. Chr.) Art, die Quintessenz von Atishas Lehren in sieben Punkte zu fassen. In dieses Grundgerüst wurden zusätzliche Erklärungen zu jedem der sieben Punkte eingefügt, die ebenfalls auf Atisha zurückgehen sollen. Trotz dieser klaren Struktur stößt man bei verschiedenen *Lojong*-Texten[1] auf eine überraschende Vielfalt, sowohl was die Anordnung der zusätzlichen Erklärungen betrifft als auch bei deren Inhalt.

Untersucht man diese zusätzlichen Erklärungen, wird deutlich, dass das Verändern ihrer Anordnung tatsächlich so etwas wie eine altehrwürdige Tradition unter *Lojong*-Lehrern zu sein scheint. Mit der Art, wie sie diese Zeilen positionieren, zeigen sie ihr eigenes Verständnis der Lehren und ihre eigene Sicht dessen, worin für sie die pädagogisch wirksamste Methode beim Übermitteln dieser Lehren besteht.

Auch heute noch werden neue Werke der *Lojong*-Literatur verfasst, ganz im Einklang mit der immer noch blühenden intellektuellen und religiösen Kultur der Tibeter. Die Einladung des 14. Shamar Rinpoche, seine eigene Zusammenstellung der Wurzelzeilen und seinen detaillierten Kommentar zu Chekawa Yeshe Dorjes *Geistestraining in Sieben Punkten* zu übersetzen, habe ich daher mit großem Eifer angenommen. Ich bin äußerst dankbar für die Gelegenheit, dass ich das Werk eines derart talentierten Lehrers so genau studieren konnte und dass ich durch diese Arbeit an einem neuen zeitgenössischen *Lojong*-Kommentar mit einem großen Lama zu verstehen begann, wie sich die Literatur und die Praxis des *Lojong* im Verlauf des vergangenen Jahrtausends entwickelt hat.

1 Anm. der deutschen Übersetzerin: Es geht hier um *Lojong*-Texte zu Chekawa Yeshe Dorjes *Geistestraining in Sieben Punkten.* Es gibt darüber hinaus eine Fülle weitere *Lojong*-Texte, die durchaus andere Grundstrukturen aufweisen.

Ich hoffe, dass die Leser von *Lojong – Der buddhistische Weg zu Mitgefühl und Weisheit,* Shamar Rinpoches Text zum Geistestraining, ebenso viel Freude daran haben werden wie ich. Wie bei jeder Übersetzungsarbeit sind Irrtümer und Missverständnisse möglich. Ich entschuldige mich daher – bei Shamar Rinpoche und den Lesern – für jeden Fehler.

Dieses Buch hätte ohne die Hilfe und die Unterstützung vieler anderer nicht fertiggestellt werden können. Ich möchte mich bei einigen von euch ganz besonders bedanken (und mich gleich bei jenen wesentlichen Helfern entschuldigen, die ich hier versehentlich ausgelassen habe): bei Carol Gerhardt für ihre geduldige Arbeit am Design; bei Derek Hanger, Thule Jug und Philippe Jedar für ihre Hilfe mit den Fotos; bei Neeraj Khatri Chettri für seine Hilfe dabei, die verschiedenen Personen, die in dieses Projekt involviert waren, zu koordinieren und dafür, dass er dafür gesorgt hat, dass jeweils die richtige Kopie vom jeweiligen Entwurf zur jeweils richtigen Person gelangt ist; bei Bart Mendel dafür, dass er so viele Tippfehler entdeckt hat; bei Shahin Parhami dafür, dass er die Bilder verbessert hat; bei Pamela Gayle White für ihre Anregungen; und bei Sylvia Wong für ihre ganze Arbeit am ersten Entwurf. Euch allen herzlichen Dank dafür, mit eurer Zeit und Mühe dazu beigetragen zu haben, dass dieses Buch in seiner bestmöglichen Art erscheinen konnte.

Lara Braitstein
McGill Universität (Montreal, Kanada), 2009

Zur deutschen Ausgabe

Manche Stellen des englischen Originals wurden für die deutsche Übersetzung in Rücksprache mit Shamar Rinpoche etwas umformuliert bzw. auch ergänzt. Personenbezogene Bezeichnungen sind, um den Lesefluss nicht unnötig zu erschweren, in der jeweiligen männlichen Form gehalten und gelten durchwegs auch in der weiblichen Form.

Es war mir eine besondere Freude, die deutsche Übersetzung dieses Buches *Lojong – Der buddhistische Weg zu Mitgefühl und Weisheit* von Shamar Rinpoche zu erstellen und ich hoffe sehr, dass sie deutschsprachigen Lesern den Zugang zu seinen wunderbaren Erklärungen zum Mahayana-Geistestraining erleichtert.

Tina Draszczyk

Die Lehren des Buddha, eine Einleitung

Nachdem Shakyamuni, der Buddha unseres Zeitalters, den Zustand des vollkommenen Erwachtseins erlangt hatte, lehrte er die 45 verbleibenden Jahre seines Lebens ohne Unterbrechung. Durch seine Lehrtätigkeit erwuchs vielen Wesen großer Nutzen, und seine Worte wurden seit der Zeit seiner unmittelbaren Schüler bis in die Gegenwart weitergegeben.

Genau genommen lehrte der Buddha auf vielfältige Weise, er bediente sich dazu zahlreicher Methoden und er lehrte nicht nur Menschen. Die Kraft des Erwachtseins gibt einem nämlich die Möglichkeit, Mitgefühl gleichzeitig in vielen verschiedenen Formen zu manifestieren und damit jede Art von Lebewesen zu erreichen. Ob es sich um Menschen, Tiere, göttliche oder andere Wesen handelt, wer immer den entsprechenden karmischen Hintergrund hat, nimmt den Körper und die Rede eines Buddha in jener Form wahr, die ihm vertraut und angenehm ist. Wir Menschen, zum Beispiel, haben einen Kopf, zwei Arme, zwei Beine usw. Demgemäß wurde der Buddha, als er in der Welt der Menschen lebte und lehrte, in einer entsprechenden Gestalt wahrgenommen. Lebewesen sind jedoch nicht überall gleich. So mag es Welten geben, in denen die Lebewesen z. B. hohl sind, ohne innere Körperorgane, in denen sie vier Köpfe und vier Arme haben oder lautlos und ohne Mund kommunizieren können. Wohnen solche Wesen den Darlegungen des Buddha bei, würde dieser in ihrer Gestalt erscheinen, und seine Sprache wäre dann nicht jene unserer Menschenwelt, denn diese Wesen würden die Lehre in ihrer eigenen Sprache hören. Das ist die Kraft des Erwachtseins.

Trotz der unglaublichen Weite der Lehre des Buddha, des Dharma, lässt sie sich in drei Sammlungen oder Themenkreise einteilen, die auch als das dreimalige Drehen des Dharma-Rades bezeichnet werden. Zwei dieser Dharma-Zyklen sind mit einer bestimmten Zeit und einem bestimmten Ort verknüpft, während dies beim dritten nicht der Fall ist. Das erste Drehen des Rades fand im heutigen Sarnath statt, in der Nähe von Varanasi. Es war dies das erste Mal, dass der Buddha nach seinem Erwachen lehrte. Seine Zuhörer waren fünf Menschen, seine früheren Gefährten aus der Zeit der Askese, sowie eine Schar göttlicher und halbgöttlicher Wesen, die sich für diese Lehrdarlegung zwar versammelt hatten, jedoch von den fünf Menschen nicht wahrgenommen werden konnten. Das zweite Drehen des Rades fand im heutigen Rajgir statt (damals als Rajagriha bekannt). Dort unterrichtete der Buddha seine am weitesten fortgeschrittenen Schüler, die vielen Arhats und Bodhisattvas wie Manjushri, der damals in menschlicher Gestalt lebte. Darüber hinaus waren auch dort unzählige himmlische Wesen zugegen. Das dritte Drehen des Rades ist nicht mit einer bestimmten Zeit, einem bestimmten Ort oder einer bestimmten Zuhörerschaft verbunden. Vielmehr hat der Buddha die darin enthaltenen Lehren zu verschiedenen Zeitpunkten in seinem Leben vermittelt.

Die Lehren des ersten Drehens des Rades handeln grundsätzlich davon, den Körper, die Rede und den Geist zu zähmen. Das zweite Drehen des Rades umfasst hauptsächlich jene Lehren, die auf tiefe Samadhis abzielen, d. h. auf Zustände des meditativen Vertieftseins. Das dritte Drehen des Rades besteht aus den Erläuterungen zur sogenannten »dreifachen Natur« (Sanskrit: trisvabhava), nämlich dem »Vorgestellten«, d. h. dem dualistischen Trennen des Erlebens in ein Ich und Anderes, dem »Abhängigen«, d. h. dem ungeteilten Erfahrungsstrom, und dem »Absoluten«, d. h. dem Abhängigen frei von Vorgestelltem. Die tiefgründige Lehre von dieser »dreifachen Natur« eröffnet das Tor zu den vielen umfassenden Qualitäten der Weisheit, die sich nicht leicht manifestieren und die einem ungeschulten Betrachter nicht offenkundig sind.

Nach dem Tod des Buddha teilten Mahapanditas, sogenannte Große Gelehrte, die die Qualifikation hatten, seinen Dharma auszulegen, die Lehren des Buddha in die »drei Fahrzeuge« ein. Das erste Fahrzeug ist dadurch gekennzeichnet, dass es sich um die Lehren des Nicht-Selbst (Sanskrit: anatman) dreht. In diesem Fahrzeug besteht die Sichtweise im Nicht-Selbst, und die Praxis darin, auf Letzteres zu meditieren. Das Verhalten eines Praktizierenden dieses Fahrzeugs beruht auf dem Vinaya, den Regeln monastischer Disziplin, die ein strenges Zölibat miteinschließen. Es ist eine Tatsache, dass Geschlechtsverkehr die Ursache für Wiedergeburt ist, und zwar sowohl dahingehend, dass er der Akt der Fortpflanzung ist, als auch in dem Sinn, dass man dadurch jene Eindrücke im eigenen Geist schafft, die schließlich auch die eigene Wiedergeburt bewirken werden. Dadurch, dass ein Praktizierender der Ursache für Wiedergeburt entsagt und dem direkten Weg der Meditation folgt, wird er die vollkommene Erkenntnis des Nicht-Selbst erlangen.

Das zweite und dritte Fahrzeug sind für Bodhisattvas gedacht, d. h. für Praktizierende, deren altruistische Absicht sie dazu verpflichtet, allen Lebewesen zu helfen. Die Sicht dieser beiden Fahrzeuge ist Shunyata oder Leerheit: Das Verständnis, dass die Welt, wie wir sie wahrnehmen, nämlich mit der dualistischen Trennung zwischen Subjekt und Objekt als Erleber und Erlebtes, als solche nicht real existiert. Nichts von dem, was immer wir wahrnehmen, besitzt eine inhärente Existenz, und gerade deshalb kann sich alles ereignen. Die Meditation, die sowohl beim zweiten als auch beim dritten Fahrzeug eingesetzt wird, ermöglicht es euch, diese Sicht der Leerheit zu erfahren und schult euch darin, die Illusionen der Lebewesen für deren eigenes Wohl zu nutzen. So kann man die Täuschungen dualistischer Erscheinungen für etwas Positives einsetzen. Ihr könnt beispielsweise lernen, immer bessere Geburten in den Bereichen der Lebewesen anzunehmen, um ihnen zu helfen. Das Verdienst, das dadurch entsteht, dass man anderen kontinuierlich in einer immer geschickteren Weise hilft, ist wie eine unerschöpfliche Schatzkammer, die allmählich vollkommene Erleuchtung ermöglicht. Dieser Zustand ist der hilfreichste und schöpferischste, den es gibt.

Der Unterschied zwischen dem zweiten und dritten Fahrzeug hat mit dem Schwerpunkt zu tun. Im zweiten Fahrzeug befassen sich viele Lehren mit Leerheit, während sich im dritten Fahrzeug die Lehren eher darum drehen, was aus Leerheit entsteht. Das dritte Fahrzeug ist tatsächlich jeder Art von Praktizierendem nützlich, für Shravakas, d. h. »Zuhörende«, Pratyekabuddhas, d. h. »Sich-allein-Verwirklichende« und Bodhisattvas.

Um den Zustand des Erwachtseins zu verwirklichen, genügt es jedoch nicht, diese Themen zu studieren. Um das Ziel zu erlangen, ist ein Schlüssel erforderlich, und zwar der Schlüssel wesentlicher Unterweisungen, die einem das Herz der Lehren eröffnen. Zu jeder Praxis gibt es einen solchen Schlüssel, er wird jedoch oft nicht öffentlich weitergegeben. Dieser Schlüssel ist im Besitz jener wenigen ernsthaften Praktizierenden, die darin von der langen Reihe der erfahrensten Meditationslehrer unterrichtet worden sind.

Grundsätzlich gibt es vier Arten von Lehrern: Es gibt Gelehrte, die über keinen Schlüssel verfügen; dann gibt es Lehrer, die zwar die Schlüsselunterweisungen haben, aber keine Schulung oder Fähigkeit in Gelehrsamkeit; dann wiederum gibt es Lehrer, die sowohl den Schlüssel halten als auch gelehrt sind, und natürlich gibt es auch manche Lehrer, die weder den Schlüssel haben noch eine Schulung in Gelehrsamkeit! Von diesen vier Arten sollte man nur die letzte gänzlich meiden. Bei den anderen geht es darum, herauszufinden, wie vertrauenswürdig der betreffende Lehrer ist, und zwar unabhängig von Thema oder Fahrzeug.

Folgt man dem Dharma nur so, wie ihn die Gelehrten darlegen, ist dies gut. Ausschließlich den Schlüsselunterweisungen zu folgen, ohne sich in Gelehrsamkeit zu schulen, ist sehr gut. Beides miteinander zu verbinden, d. h. sich sowohl in Gelehrsamkeit schulen als auch die Schlüsselunterweisungen anwenden, ist das absolut Beste. Und es erübrigt sich wohl zu sagen, dass es überhaupt nichts bringt, wenn man weder einen auf Gelehrsamkeit beruhenden Zugang zum Dharma hat noch die Schlüsselunterweisungen! Um das Ziel zu erreichen, braucht man aber auf jeden Fall den Schlüssel.

Zu diesen vier Arten von Lehrern passend gibt es auch vier Arten von Schüler. Für ein allgemeines Publikum, das eine grundlegende Einführung benötigt, ist ein Lehrer, der nur die Schulung als Gelehrter hat, großartig. Für sehr fortgeschrittene Praktizierende, die sich einer intensiven Praxis widmen, ist ein Lehrer, der nur die Schlüsselunterweisungen hat, großartig. Ein Lehrer, der sowohl ein Gelehrter ist, als auch über die Schlüsselunterweisungen verfügt, ist für jede Art von Schüler hervorragend geeignet, und die vierte Art von Lehrer, d. h. jemand, der weder gelehrt ist noch über Schlüsselunterweisungen verfügt, ist tatsächlich für niemanden gut. Seltsamerweise scheinen jedoch viele ausgerechnet solchen Lehrern folgen zu wollen!

Der Wurzeltext

EINLEITUNG

Lojong, das Geistestraining, ist eine umfassende Praxis, die für jede Art von Schüler geeignet ist. Es beinhaltet den gesamten Weg und ist dabei völlig unabhängig vom persönlichen Hintergrund oder der Schulzugehörigkeit. Ein fleißiges Üben dieser Praxis reicht, um den ganzen Weg des Erwachens zu gehen.

Das *Geistestraining in Sieben Punkten* wurde ursprünglich von Chekawa zusammengestellt, und zwar als komprimierte Notizen für seine Schüler, damit sich diese den Kern seiner allerwichtigsten Unterweisungen einprägen können. Im Laufe der Zeit haben verschiedene Lehrer diese sieben Punkte selbst kommentiert. Manches davon ist niedergeschrieben und anderes seit Chekawas Zeit mündlich weitergegeben worden.

Lesern, die mit den Texten des Geistestrainings vertraut sind, ist vielleicht aufgefallen, dass die Merksprüche, die die sieben Punkte näher ausführen, in den verschiedenen Wurzeltexten voneinander abweichen. Bei vielen Lehrern ist es durchaus Tradition, bei den Erläuterungen der sieben Punkte die Reihung und den Inhalt der Merksprüche zu verändern. Manche Versionen mögen länger sein als andere und manche komplexer, sie alle aber tragen die Kraft und Einfachheit von Chekawas sieben Punkten, die als solche nicht variieren.

Im Anschluss an diese Einleitung findet sich zunächst der Wurzeltext dieser Lehren des Geistestrainings, sowohl im Tibetischen als auch in deutscher Übersetzung. Er besteht aus Chekawas *Geistestraining in Sieben Punkten* und vielen Merksprüchen, die eine Art Kurzkommentar zum Geistestraining darstellen. Das Ganze habe ich noch mit ergänzenden Überschriften versehen, die die Struktur des Wurzeltextes verdeutlichen.

Im Anschluss an den Wurzeltext folgt im verbleibenden Teil dieses Buches mein eigener, detaillierter Kommentar zu den sieben Punkten und den Merksprüchen.

Die sieben Punkte, wie sie von Chekawa verfasst wurden, lassen sich in vier Schritte einteilen: Die Vorbereitungen, das Entwickeln der Meditation der höheren Sicht (Sanskrit: vipashyana; Tibetisch: lhagtong), die Meditation des Gebens und Nehmens (tibetisch: tonglen) und das Schaffen der Ursachen und Bedingungen für das Entwickeln des Gebens und Nehmens.

Wie später im Detail erklärt, bestehen die Vorbereitungen aus einem grundlegenden Verständnis der Lehre des Buddha sowie darin, mit Shine, der Meditation des Verweilens in Ruhe (Sanskrit: shamatha), einen stabilen Geisteszustand zu entwickeln.

Danach wird durch die Meditation der Tiefen Einsicht die Einsicht in Leerheit und in die ungeborene Natur des Geistes geübt. Darauf folgt die Hauptpraxis, *Tonglen*, d. h. das Geben und Nehmen. Ein fleißiger Praktizierender, der die Praxis des *Tonglen* verwirklicht, kann in einer Lebenszeit sogar die erste Bhumi, d. h. die erste Bodhisattva-Stufe erlangen.

Das Geistestraining ist eine Praxis, durch welche die Buddha-Natur – jener reine Samen des Erwachtseins, der das eigentliche Herz eines jeden Lebewesens ausmacht – genährt und entwickelt wird. Das *Lojong* hat die Kraft, sogar ein selbstgefälliges Festhalten am Ich in Selbst-Losigkeit zu verwandeln. Deshalb sagen Praktizierende des Geistestrainings auch, dass das Festhalten am Ich die Buddha-Natur habe – schließlich ist das eigentliche Wesen des Selbst das Nicht-Selbst.

Der vierte und letzte der Schritte, in die die sieben Punkte eingeteilt werden können, besteht darin, jene Ursachen und Bedingungen zu schaffen, die für das Verwirklichen von *Tonglen* erforderlich sind.

Ursprünglich habe ich diese Anleitung als Teil des Curriculums für die Bodhi Path-Zentren geschrieben, die ich in Nordamerika, Asien und Europa gegründet habe. Mein Ziel ist es dabei, Menschen für eine Praxis zu ermutigen, die wirksam ist, Veränderung bewirkt und nicht von schulspezifischen Trennungen beeinträchtigt ist. Aus diesem Grund betrachte ich dieses Curriculum – und so auch die Bodhi Path-Zentren – als ganz und gar *Rime*, d. h. als frei von schulspezifischen Abgrenzungen.

Der tibetische Buddhismus hat außerhalb Tibets bereits starke Wurzeln geschlagen, und es führt zu keinerlei Nutzen, die rigiden Trennlinien zwischen den Schulen aufrechtzuerhalten, die so sehr Teil des Buddhismus in Tibet waren. Für die Tibeter wäre es hilfreich, weniger sektiererisch zu sein. Und Nicht-Tibeter sollten sich dessen bewusst sein, dass sie überhaupt keinen Grund haben, an solchen Abgrenzungen festzuhalten.

དེ་ཡང་། བློ་སྦྱོང་དོན་བདུན་མའི་རྩ་བའི་ཚིག་བཅད་རྣམས་ལ་མི་འདྲ་བ་དུ་མ་ཞིག་འདུག་ཅིང་ཙུང་ཟད་འཛུག་མི་བདེ་བས། དོན་བདུན་མའི་འགྲེལ་པ་གདམས་ངག་མཛོད་ནང་དུ་བཞུགས་པ་དང་། གཞན་ཡང་། ཞྭ་དམར་ལྷ་པ། ཀུན་མཁྱེན་ཏཱ་ར་ནཱ་ཐ། བློ་གྲོས་མཐའ་ཡས། ལམ་རིམ་པ་བཅས་ཀྱིས་མཛད་པའི་འགྲེལ་པ་སོགས་དཔྱད་གཞི་བྱས་མཐར། ཁོ་བོ་ཞྭ་དམར་ཁྲི་འཛིན་ཆོས་ཀྱི་བློ་གྲོས་པས་ལྷག་ལྷར་གསོལ་འདེབས་དང་གནང་བཞུས་སྟེ། རང་གི་རྗེས་འཇུག་ཚོ་གདམས་ངག་ཟབ་མོ་འདི་ལ་ཇི་བཞིན་འཛུག་བདེའི་ཆེད་དུ་ཁོ་ནར་དམིགས་ནས། འདས་ལོ་༢༡༣༤མེ་ཕག་ལོའི་ཟླ་བ་༣ཚེས་༡ སྤྱི་ལོ་༢༠༠༨ཟླ་བ་༤ ཚེས་༡༨ཉིན་རྩ་ཚིག་འདི་བཞིན་བསྒྲིགས་སྟེ་གཏན་འབེབས་བྱས་པར་ནོངས་འགལ་མཆིས་ཚེ་ཐུགས་གཟུ་བོར་བཞུགས་པའི་མཁས་དབང་རྣམས་ལ་བཟོད་གསོལ་ཞུ།

Aufgrund der vielen verschiedenen Versionen des Wurzeltextes vom *Geistestraining in Sieben Punkten* war es für Praktizierende ein wenig mühsam, sich diesem zu widmen. Deshalb habe ich mich in dieses Thema vertieft und Kommentare dazu studiert, so z. B. den vom 5. Shamarpa verfassten Kommentar, der im *Dam Ngag Dzö* enthalten ist, ebenso wie die Kommentare von Ngülchu Togme, dem allwissenden Taranatha, Lodrö Thaye, Lamrimpa und anderen. Nachdem ich daraufhin, mit dem ausschließlichen Bestreben, meinen Schülern diese tiefgründigen Unterweisungen leichter zugänglich zu machen, zu meinem Yidam gebetet und seine Erlaubnis erhalten hatte, habe ich, Shamarpa Chökyi Lodrö, am 15. Tag des fünften Monats des Feuer-Schwein-Jahres (2134) bzw. am 30. Juni 2007 die Wurzelverse in dieser Art angeordnet. Falls mir dabei Fehler unterlaufen sein sollten, bitte ich alle authentischen Meister um Verzeihung.

Shamar Rinpoche

DER WURZELTEXT IN TIBETISCH

༄ །ཐུགས་རྗེ་ཆེན་པོ་ལ་ཕྱག་འཚལ་ལོ།

བརྒྱུད་ཁུངས་བཙན་པར་བསྟན་པ་ནི།

མན་ངག་བདུད་རྩིའི་སྙིང་པོ་འདི། གསེར་གླིང་པ་ནས་བརྒྱུད་པ་ཡིན།

ཆེ་བ་བསྟན་པ་ནི།

སྙིགས་མ་ལྔ་པོ་བདོ་བ་འདི། བྱང་ཆུབ་ལམ་དུ་བསྒྱུར་བ་ཡིན།
རྡོ་རྗེ་ཉི་མ་ལྗོན་ཤིང་བཞིན། གཞུང་དོན་ལ་སོགས་ཤེས་པར་བྱ།

༈ དོན་དང་པོ་སྔོན་འགྲོ་བསྟན་ཅིང་དེ་ཡང་འཁོར་གསུམ་མི་དམིགས་པར་བསླབ་པ་ནི།

དང་པོ་སྔོན་འགྲོ་དག་ལ་བསླབ། ཆོས་རྣམས་རྨི་ལམ་ལྟ་བུར་བསམ།

༈ དོན་གཉིས་པ་བྱང་ཆུབ་སེམས་གཉིས་སྦྱོང་བའི་མན་ངག་ཐོག་མར་དོན་དམ་བྱང་ཆུབ་སེམས་ནི།

མ་སྐྱེས་རིག་པའི་གཤིས་ལ་དཔྱད། ཉོན་མོངས་གང་ཆེ་སྔོན་ལ་སྦྱང་།
གཉེན་པོ་ཉིད་ཀྱང་རང་སར་གྲོལ། ངོ་བོ་ཀུན་གཞིའི་ངང་ལ་བཞག
ཐུན་མཚམས་རྒྱུ་མའི་སྐྱེས་བུར་བྱ། འབྲས་བུའི་རེ་བ་ཐམས་ཅད་སྤྱངས།

གཉིས་པ་ཀུན་རྫོབ་དང་དོན་དམ་བྱང་ཆུབ་ཀྱི་སེམས་ཟུང་འཇུག་ཏུ་སྦྱོང་བའི་མན་ངག་ནི།

གཏོང་ལེན་གཉིས་པོ་སྤེལ་མར་སྦྱང་། དེ་གཉིས་རླུང་ལ་བསྐྱོན་པར་བྱ།

ཡུལ་གསུམ་དུག་གསུམ་དགེ་རྩ་གསུམ། སྤྱོད་ལམ་ཀུན་ཏུ་ཚིག་གིས་སྦྱང་།

དོན་གསུམ་པ་རྐྱེན་ངན་བྱང་ཆུབ་ཀྱི་ལམ་དུ་བསྒྱུར་བའི་མན་ངག་ལ་ཐུན་མོང་དང་ཁྱད་པར་ཅན་གཉིས་ལས་དང་པོ་ནི།

སྣོད་བཅུད་སྡིག་པས་གང་བའི་ཚེ། རྐྱེན་ངན་བྱང་ཆུབ་ལམ་དུ་བསྒྱུར།

གཉིས་པ་ཁྱད་པར་ཅན་ལ་གསུམ་ལས་དང་པོ་ཀུན་རྫོབ་བྱང་ཆུབ་སེམས་ཀྱིས་རྐྱེན་ངན་བྱང་ཆུབ་ཀྱི་ལམ་དུ་སློང་བའི་མན་ངག་ནི།

ལེ་ལན་ཐམས་ཅད་གཅིག་ལ་བདའ། ཀུན་ལ་བཀའ་དྲིན་ཆེ་བར་བསྒོམ།

གཉིས་པ་དོན་དམ་བྱང་ཆུབ་སེམས་ཀྱིས་རྐྱེན་ངན་བྱང་ཆུབ་ཀྱི་ལམ་དུ་སློང་བའི་མན་ངག་ནི།

འཁྲུལ་སྣང་སྐུ་བཞིར་སྒོམ་པ་ཡི། སྟོང་ཉིད་བསྲུང་བ་བླ་ན་མེད།
ལྟ་བ་གསུམ་དང་ནམ་མཁའ་མཛོད། རྣལ་འབྱོར་སྲུང་བ་བླ་ན་མེད།

གསུམ་པ་སྦྱོར་བ་ཁྱད་པར་ཅན་གྱིས་རྐྱེན་ངན་བྱང་ཆུབ་ཀྱི་ལམ་དུ་སློང་བའི་མན་ངག་ནི།

སྦྱོར་བ་བཞི་ལྡན་ཐབས་ཀྱི་མཆོག། འཕྲལ་ལ་གང་ཐུག་སྒོམ་དུ་སྦྱར།

དོན་བཞི་པ་ཚེ་གཅིག་གི་ཉམས་ལེན་དྲིལ་ནས་བསྟན་པའི་མན་ངག་ནི།

མན་ངག་སྙིང་པོ་མདོར་བསྡུས་པ། སྟོབས་ལྔ་དག་དང་སྦྱར་བར་བྱ།
ཐེག་ཆེན་འཕོ་བའི་གདམས་ངག་ནི། སྟོབས་ལྔ་ཉིད་ཡིན་སྤྱོད་ལམ་གཅེས།

དོན་ལྔ་པ་བློ་འབྱོངས་པའི་ཚད་བསྟན་པ་ནི།

ཆོས་ཀུན་དགོངས་པ་གཅིག་ཏུ་འདུས། དཔང་པོ་གཉིས་ཀྱི་གཙོ་བོ་བཟུང་།

ཡིད་བདེ་འབབ་ཞིག་རྒྱུན་དུ་བསྟེན། ཡེངས་ཀྱང་ཐུབ་ན་འབྱངས་པ་ཡིན།

༈ དོན་དྲུག་པ་བློ་སྦྱོང་གི་དམ་ཚིག་བསྟན་པ་ནི།

སྤྱི་དོན་གསུམ་ལ་རྟག་ཏུ་བསླབ། འདུན་པ་བསྒྱུར་ལ་རང་སོར་བཞག།
ཡན་ལག་ཉམས་པ་བརྗོད་མི་བྱ། གཞན་ཕྱོགས་གང་ཡང་མི་བསམ་མོ།
དུག་ཅན་གྱི་ཟས་སྤང་། གཞུང་བཟང་པོ་མ་བརྟེན། ཤག་ངན་མ་གཏོད།
འཕྲང་མ་སྒུགས། གནད་ལ་མི་དབབ། མཛོ་ཁལ་གླང་ལ་མི་འབྲོ།
མགྱོགས་ཀྱི་རྩེ་མི་གཏོད། ལྷོ་ལོག་མི་བྱ། ལྷ་བདུད་དུ་མི་དབབ།
ཀུན་ལ་བྲན་གྱི་ཐམ་ལྷར་བྱ། སྐྱིད་ཀྱི་ཡན་ལག་ཏུ་སྡུག་མ་ཚོལ།

༈ དོན་བདུན་པ་བློ་སྦྱོང་གི་བསླབ་བྱ་བསྟན་པ་ནི།

རྣལ་འབྱོར་ཐམས་ཅད་གཅིག་གིས་བྱ། ལོག་གནོན་ཐམས་ཅད་གཅིག་གིས་བྱ།
ཐོག་མཐའ་གཉིས་ལ་བྱ་བ་གཉིས། གཉིས་པོ་གང་བྱུང་བཟོད་པར་བྱ།
གཉིས་པོ་སྲོག་དང་གདོས་ནས་བསྲུང་། དཀའ་བ་གསུམ་ལ་བསླབ་པར་བྱ།
རྒྱུ་ཡི་གཙོ་བོ་རྣམ་གསུམ་བླང་། ཉམས་པ་མེད་པ་རྣམ་གསུམ་བསྒོམ།
འབྲལ་མེད་གསུམ་དང་ལྡན་པར་བྱ། ཡུལ་ལ་ཕྱོགས་མེད་དག་ཏུ་སྦྱང་།
ཁྱབ་དང་གཏིང་འབྱོངས་ཀུན་ལ་གཅེས། བཀོལ་བ་རྣམས་ལ་རྟག་ཏུ་བསྒོམ།
རྐྱེན་གཞན་དག་ལ་ལྟོས་མི་བྱ། ད་རེས་གཙོ་བོ་ཉམས་སུ་བླངས།
གོ་ལོག་མི་བྱ། རེས་འཇོག་མི་བྱ། དོལ་ཆོད་སྦྱང་།

རྟོག་དཔྱོད་གཉིས་ཀྱིས་ཐར་བར་བྱ། ཡུས་མ་བསྒོམ།

ཀོ་ལོང་མི་སྒོམ། ཡུད་ཙམ་པ་མི་བྱ། འོར་ཆེ་མ་འདོད།

མཛད་པ་པོའི་གདེངས་བརྗོད་པས་གཞན་ལ་དཔའ་བསྐྱེད་པ་ནི།

བདག་ཉིད་མོས་པ་མང་བའི་རྒྱུས།

སྡུག་བསྔལ་གཏམ་ངན་ཁྱད་བསད་ནས།

བདག་འཛིན་འདུལ་བའི་གདམས་ངག་ཞུས།

ད་ནི་ཤི་ཡང་མི་འགྱོད་དོ།

DER WURZELTEXT IN DEUTSCHER ÜBERSETZUNG

Verehrung dem Großen Mitfühlenden!

HINWEIS AUF DEN URSPRUNG DER ÜBERTRAGUNG

Dies ist die Schlüsselunterweisung, die Nektaressenz,
die von Serlingpa überliefert wurde.

DIE GROSSARTIGKEIT DER PRAXIS

Die fünf Arten des Niedergangs greifen jetzt um sich;
wandle sie um in den Pfad des Erwachens.
So wie ein Diamant, die Sonne und der heilkräftige Baum
ist dies der wesentliche, in all seinen Teilen kostbare
Übungsweg.

ERSTER PUNKT: Lerne die Vorbereitungen; schule dich außerdem darin, frei von der Begrifflichkeit der Dreiheit zu sein.

- *Übe dich zunächst in den Vorbereitungen;*
  denke dir, dass alle Dinge wie ein Traum sind.

ZWEITER PUNKT: Schule dich in den zwei Arten von Bodhicitta.

DIE SCHLÜSSELUNTERWEISUNGEN FÜR ABSOLUTES BODHICITTA

- *Untersuche die ungeborene Natur des Geistes.*

- *Reinige dich von der stärksten negativen Emotion zuerst.*
- *Lass auch das Gegenmittel sich natürlicherweise in sich selbst befreien.*
- *Verweile im Wesen des Geistes, der Grundlage von allem.*
- *Außerhalb der Meditation verstehe, dass alle Dinge einem Trugbild gleichen.*
- *Gib alle Hoffnung auf Resultate auf.*

DIE SCHLÜSSELUNTERWEISUNGEN ZUR SCHULUNG IN DER EINHEIT VON RELATIVEM UND ABSOLUTEM BODHICITTA

- *Praktiziere die zwei, das Geben und das Nehmen, abwechselnd.*
- *Verbinde diese beiden mit dem Atem.*
- *Drei Objekte, drei Gifte, drei Wurzeln des Heilsamen.*
- *Schule dich im Verhalten mithilfe von Merksprüchen.*

DRITTER PUNKT: Wandle Schwierigkeiten in den Pfad des Erwachens um.

DIE ALLGEMEINEN SCHLÜSSELUNTERWEISUNGEN

- *Sind die Welt und die Lebewesen von Negativität erfüllt, wandle Schwierigkeiten in den Pfad des Erwachens um.*

DIE BESONDEREN SCHLÜSSELUNTERWEISUNGEN

1. Das Umwandeln von Schwierigkeiten in den Pfad des Erwachens mithilfe von relativem Bodhicitta

- *Mach den einen Fehler für alles Unglück verantwortlich.*

- *Reflektiere darüber, wie viel du allen zu verdanken hast.*

2. Das Umwandeln von Schwierigkeiten in den Pfad des Erwachens mithilfe von absolutem Bodhicitta

- *Übe dich darin, dass die trügerischen Erscheinungen die vier Kayas sind.*
- *Leerheit ist der unübertreffliche Schutz.*
- *Die drei Sichtweisen sind wie ein himmelsgleicher Schatz, der unübertreffliche Schutz des Yoga.*

3. Das Umwandeln von Schwierigkeiten in den Pfad des Erwachens mithilfe von spezifischen Übungen

- *Das Meistern der vier Übungen ist die höchste Methode.*
- *Verbinde, was immer gerade aufkommt, mit deiner Übung.*

VIERTER PUNKT: Bringe das Geistestraining in diesem Leben zur Anwendung.

- *Dies ist die Essenz der Unterweisungen: Übe dich in den fünf Kräften.*
- *Die Unterweisungen des Großen Fahrzeugs für den Tod umfassen fünf bestimmte Kräfte; dein Verhalten ist entscheidend.*

FÜNFTER PUNKT: Der Maßstab für die Übung des Geistes.

- *Aller Dharma dient einem einzigen Ziel.*
- *Verlasse dich auf den Besseren der zwei Zeugen.*

- *Sei immer frohen Geistes.*
- *Gut trainiert bist du, wenn du dich sogar bei Ablenkung schulen kannst.*

SECHSTER PUNKT: Die Verpflichtungen des Geistestrainings.

- *Halte dich immer an die drei Grundsätze.*
- *Verändere deine Geisteshaltung und bleibe natürlich.*
- *Sprich nicht über die Schwächen anderer.*
- *Beschäftige dich nicht mit den Fehlern anderer, welcher Art sie auch sein mögen.*
- *Nimm keine giftige Nahrung zu dir.*
- *Richte dein hilfreiches Tun nicht nach erwiesenem Gefallen.*
- *Verwende nicht die Fehler anderer, um sie zu provozieren.*
- *Liege nicht auf der Lauer.*
- *Ziele nicht auf den schmerzhaften Punkt.*
- *Bürde die Last eines Ochsen nicht einer Kuh auf.*
- *Strebe nicht danach, der Beste zu sein.*
- *Missbrauche das Gegenmittel nicht.*
- *Missbrauche Götter nicht für Übles.*
- *Sei für alle wie ein bescheidener Diener.*
- *Erfreue dich nicht am Leid anderer.*

SIEBTER PUNKT: Ratschläge zum Geistestraining.

- *Praktiziere alle Yogas in einer Art.*
- *Überwinde alle Hindernisse mit einer Methode.*
- *Am Anfang und am Ende sind zwei Dinge zu tun.*
- *Sei geduldig, was immer von den beiden auch eintritt.*

- *Wache über die zwei, selbst wenn dein Leben auf dem Spiel steht.*
- *Übe dich in den drei schwierigen Dingen.*
- *Halte dich an die drei Hauptursachen.*
- *Pflege die drei, ohne sie schwächer werden zu lassen.*
- *Verbinde die drei untrennbar miteinander.*
- *Übe dich mit Unvoreingenommenheit.*
- *Die gesamte Übung sollte umfassend und tiefgehend sein.*
- *Übe dich fortlaufend, in allen Situationen.*
- *Mach dich nicht von äußeren Bedingungen abhängig.*
- *Gib von jetzt an der Praxis den Vorrang.*
- *Verkehre die Dinge nicht.*
- *Sei nicht inkonsequent.*
- *Übe dich ununterbrochen.*
- *Befreie dich durch Untersuchen und Analyse.*
- *Strebe nicht nach Anerkennung.*
- *Sei nicht nachtragend.*
- *Sei nicht launisch.*
- *Erwarte keinen Dank.*

DIE ALS ERMUTIGUNG ANDERER VERFASSTEN WORTE DES AUTORS [CHEKAWA YESHE DORJE] ÜBER SEINE EIGENE GEWISSHEIT

»Aufgrund meines innigen Strebens habe ich, ungeachtet meines Leids und meines geringen Ansehens, nach den Unterweisungen gesucht und sie empfangen, um mein Festhalten am Ich zu besiegen. Selbst wenn ich in diesem Moment sterben würde, empfände ich keinerlei Reue.«

Avalokiteshvara,
der Bodhisattva des Mitgefühls

Der Wurzeltext mit Erklärungen

Verehrung dem Großen Mitgefühlenden!

Zu Beginn des Textes bringt Ja Chekawa Yeshe Dorje, der Autor des Wurzeltextes, seine Verehrung für Avalokiteshvara, den großen Bodhisattva, zum Ausdruck, der als die Verkörperung des Mitgefühls aller Buddhas angesehen wird.

HINWEIS AUF DEN URSPRUNG DER ÜBERTRAGUNG

Dies ist die Schlüsselunterweisung, die Nektaressenz,
die von Serlingpa überliefert wurde.

Wir sind jetzt beim Hauptthema angelangt, dem *Geistestraining in Sieben Punkten*. Es ist dies die Schlüsselunterweisung der Kadam-Schule, deren Übertragung auf Atisha Dipamkara

Shrijnana (982–1054 n. Chr.) zurückgeht. Die Schlüsselmethode an sich stammt natürlich von Buddha selbst und wurde dann als geheime mündliche Tradition lange Zeit durch viele große Bodhisattvas weitergegeben. Sie heißt *Dütsi Nyingpo*, die »Nektaressenz«. »Nektar« steht für eine Flüssigkeit, die so rein ist, dass bereits ein einziger Tropfen eine riesige Wassermenge reinigen kann; die Unterweisungen sind wie die Quintessenz dieses reinigenden, heilenden Nektars.

Dieser Nektar ist nicht nur in der Lage, den eigenen Geist zu klären, Atisha konnte mit diesen Anleitungen sogar die Übertragung des Buddhismus wirksam reinigen. Im 11. Jahrhundert ging der Buddhismus in Indien allmählich zurück, so wie der Buddha es vorhergesagt hatte. Tatsächlich hatte er bereits zu seiner Lebenszeit wiederholt darauf hingewiesen, dass seine Lehren mit Sicherheit verschwinden würden und es für seine Schüler daher entscheidend sei, sofort mit Ausdauer zu praktizieren. Der Buddha wiederholte diese Warnung bei jedem Sojong (Zeremonie zum Bereinigen von monastischen Regeln).

Zu Atishas Zeit begannen sich die Hinweise darauf zu verdichten, dass die Lehren des Buddha nun allmählich aus Indien verschwinden würden. So war damals zum Beispiel die kombinierte Übertragungslinie des Bodhisattva-Gelübdes – die Linie von Maitreya-Asanga und jene von Nagarjuna – aus Indien bereits verschwunden. Es wurde entweder die eine oder die andere praktiziert, aber nicht beide als Einheit. Als großer Bodhisattva sah Atisha, dass er in der Zukunft, noch vor dem Niedergang des Buddhismus in Indien, den Menschen in Tibet helfen könnte. Es war ihm klar, dass dadurch, dass er in Tibet die Samen des Buddha-Dharma säen würde, dieser in Tibet weiterbestehen werde, wenn er in Indien verschwindet. Aus diesem

Beweggrund nahm er die lange Reise nach Indonesien auf sich, um dort Serlingpa aufzusuchen, jenen Meister, der als letzter die kombinierte Linie des Bodhisattva-Gelübdes hielt.

Atisha wurde als zweiter Sohn eines Fürsten geboren, dessen Reich in der heutigen Grenzregion zwischen Indien und Bangladesh lag. Seine Eltern nannten ihn Chandragarbha, die »Mondessenz«. Im Alter von zwanzig Jahren erhielt er die Vinaya-Gelübde (monastische Gelübde) und den Namen Dipamkara Shrijnana. Erst in seinem späteren Lebensabschnitt wurde er in Tibet, während seiner dortigen Lehrtätigkeit, als Atisha bekannt.

Atisha reiste mit dem Schiff nach Sumatra, eine Reise, die über ein Jahr dauerte. Fürchterliche Hindernisse in Form von Stürmen und aggressiven Seeungeheuern stellten sich ihm dabei in den Weg. Einmal wurde er von Maheshvara angegriffen, der die Gestalt eines riesigen, furchterregenden Monsters angenommen hatte und das Schiff mit einem tückischen Sturm bedrohte: Blitze und Donner, große Wellen und ein riesiger Strudel brachten das Schiff fast zum Untergehen. Mitten im Strudel tauchte das Seeungeheuer auf, das alle Menschen an Bord zu verschlingen drohte. Atisha vertiefte sich in eine stabile Meditation und entwickelte Liebe und Mitgefühl. Die flehenden Bitten von Atishas entsetzten Reisegefährten verbunden mit seinem riesigen Verdienst bewirkten, dass sich Amrita Kundali, eine zornvolle buddhistische Gottheit, manifestierte und das Seeungeheuer zerstörte. Blitze des sich ebenfalls manifestierten Yamantaka trafen auch Pashupatinath (alter Tempelkomplex bei Kathmandu, der Shiva gewidmet ist), das Bön-Königreich Shangshung sowie mongolische Invasoren, die darauf aus waren, Bodhgaya anzugreifen. Von Atishas Liebe und Yamantakas Blitzen überwältigt, nahm Maheshvara schließlich die Gestalt eines Jungen an und bat um Vergebung. Obwohl Atishas Reise von solchen Vorkommnissen begleitet war, gelangten sie an ihr Ziel.

Als Atisha schließlich in Indonesien ankam, wurde er von Serlingpa, einem Prinzen aus Sumatra, der ein großer buddhistischer Meister geworden war, herzlich empfangen. Atisha, selbst ebenfalls ein Prinz, verbrachte dort zwölf Jahre und erhielt sämtliche Lehren von Serlingpa, natürlich einschließlich der Schlüsselunterweisungen.

Die im vorliegenden Buch enthaltenen Lehren zum Geistestraining umfassen genau diese Schlüsselunterweisungen, insbesondere die Praxis des Gebens und Nehmens mit sich und anderen. Es sollte erwähnt werden, dass auch heute noch einige Aspekte dieser Lehren geheim gehalten und nur den ernsthaftesten Praktizierenden offenbart werden. Dementsprechend bleibt auch in diesem Buch vieles ungeschrieben, was die Lehren des absoluten Bodhicitta angeht.

Serlingpa gab Atisha vor dessen Rückkehr nach Indien sechs Texte, die die Quintessenz des Mahayana (Großes Fahrzeug) enthielten. Atisha, der sowohl in den Sutras (allgemein verständliche Lehren des Buddha) als auch in den Tantras (nur für Eingeweihte bestimmte Lehren des Buddha) sehr bewandert war, erkannte, dass er damit tatsächlich die Schlüssel zum Schatz der Lehren des Buddha erhalten hatte. Er empfand seinem geistigen Mentor gegenüber eine tiefe Dankbarkeit und erfreute sich am Glück der Lebewesen[2]. Von da an gehörten diese sechs Texte immer zu seinem Reisegepäck.

Atisha war bereits sechzig Jahre alt, als ihn Könige aus Westtibet in ihr Land einluden. Nach längerer Überzeugungsarbeit

2 Anm. der deutschen Übersetzerin: Das Glück der Lebewesen bezieht sich darauf, dass sie nun die Möglichkeit haben, diese Lehren zu erhalten.

machte sich Atisha auf die Reise, um dort zu unterrichten. Der tibetische Prinz Jangchub Ö führte Atisha die große Dringlichkeit vor Augen, den Buddhismus, der in Tibet zu Schaden gekommen war, wiederherzustellen. Scharlatane und Magier waren dabei, die Menschen in die Irre zu führen. Der Prinz bat Atisha darum, falschen Auffassungen und Aberglauben durch Aufklärung entgegenzuwirken. Insbesondere bat er ihn darum, zum Wohl der Bevölkerung die Lehren in einer für einfache Laien verständlichen Art darzustellen. So fasste Atisha die Lehren aus den sechs Texten, die er vom Meister Serlingpa erhalten hatte, zusammen und schrieb auf einigen Blatt Papier die achtundsechzig Strophen seines berühmten Werkes *Das Licht für den Pfad zur Erleuchtung* (Sanskrit: *Bodhipathapradipa*). Die dabei verwendete Art, die Lehre stufenweise darzustellen, wurde auf tibetisch als *Lam Rim* bekannt, die »Schritte des Wegs«.

Einer der beiden Hauptschüler von Atisha war Dromtönpa (1005–1064). Gemeinsam übersetzten sie Serlingpas Text *Das Rad der scharfen Waffen, das das Herz des Widersachers wirksam trifft* aus dem Sanskrit in das Tibetische. Atisha lehrte den *Lam Rim* zunächst nur einigen ausgewählten Schüler, zu denen auch Dromtönpa zählte. Auf dessen Frage, warum er dies so handhabe, erwiderte Atisha, dass nur er, Dromtönpa, ein qualifiziertes und dieser Lehren würdiges Gefäß sei.

Nach Atishas Tod stellte Dromtönpa die Übertragungen, die er von seinem Guru erhalten hatte, zusammen und begründete damit jene Übertragungslinie, die als Kadam bekannt wurde. Das eigentliche Herz dieser Lehren war das Geistestraining. Anfangs wurden diese Kadam-Lehren weitgehend geheim gehalten und nur mündlich von Meister zu Schüler weitergegeben. Von Dromtönpa ging die Übertragung an Potowa (1027–1105) weiter. Dieser gab sie seinen zwei Schülern, Langri Thangpa (1054–1123) und Sharawa (1070–1141). Chekawa (1101–1175), der Autor des vorliegenden Wurzeltextes, erhielt die Übertragung von Sharawa.

Chekawa stammte aus Lura, einem Ort im Südwesten Tibets. Er lernte zunächst bei einem Lehrer namens Loro Rechung. Später erhielt er seine monastischen Gelübde von zwei Kadam-Lehrern aus der Linie von Atisha, nämlich Tsarong Joten und Tsangdulwa. Die darauffolgenden vier Jahre verbrachte Chekawa mit Studien und Praxis. Eines Tages hörte er, wie ein Schüler von Langri Thangpa dessen *Geistestraining in Acht Versen* rezitierte. Er hörte den Abschnitt: »Ich werde lernen, alle Niederlagen auf mich zu nehmen und anderen alle Siege zu überlassen.«

Diese Worte machten einen so tiefen Eindruck auf ihn, dass er beschloss, diese Lehren zu erlernen. Als er hörte, dass der Autor dieser Verse bereits verstorben war, drängte er darauf, herauszufinden, wer ihn sonst darin unterrichten könnte.

Chekawa fand heraus, dass Atisha derjenige war, der diese Lehren des Buddha nach Tibet gebracht hatte. Er erfuhr, dass die meisten der bedeutenden Lehrer dieser Linie bereits verstorben waren und war sehr erleichtert, als er herausfand, dass Sharawa noch am Leben war. Nachdem er erfahren hatte, dass sich dieser in Zho in Zentraltibet aufhielt, begab er sich dorthin. Chekawa wurde Sharawas Schüler und blieb die folgenden sechs Jahre bei ihm, um von ihm zu lernen. Danach praktizierte er dreizehn Jahre lang, bis sich in ihm jegliche Spur von Selbstbezogenheit zerstreut hatte. Chekawa, der jetzt ein Meister der Kadam-Linie geworden war, begann nun auch selbst zu unterrichten.

Nachdem er seinen Wunsch verwirklicht hatte, die überaus kostbaren *Lojong*-Lehren zu praktizieren, zu bewahren und so vielen Menschen wie nur möglich weiterzuvermitteln, verstarb er im weiblichen Holz-Schaf-Jahr (1175) im Alter von 75 Jahren.

Heute wird die Kadam-Linie der Lehren von Atisha zwar nicht mehr als eine eigene Schule innerhalb des tibetischen Buddhismus betrachtet, jedoch macht sie in jeder der vier Schulen[3] einen wesentlichen Teil der Überlieferung aus. Diese wichtige Mahayana-Praxis hat sich in Tibet immer großer Beliebtheit erfreut, was zur Folge hatte, dass es heute eine große Zahl tibetischer Werke zum *Lojong* und zum *Lamrim* gibt.

DIE GROSSARTIGKEIT DER PRAXIS

Die fünf Arten des Niedergangs greifen jetzt um sich;
wandle sie um in den Pfad des Erwachens.

Wir befinden uns gegenwärtig in einer Zeit der fünf Arten des Niedergangs, eine Phase, in der sich eine gute Ära ihrem Ende zuneigt. Mit »wir« meine ich nicht unsere Generation oder ein, zwei Generationen davor, sondern einen viel längeren Zeitraum: Wir leben in der gleichen Zeitepoche wie Buddha Shakyamuni, der selbst auch schon in dieser degenerierten Zeit lebte und wirkte. Die gute Phase dieses Zeitalters hat lange vor Buddha Shakyamuni stattgefunden und hatte ihre eigenen Buddhas.

3 Dies sind die vier großen Schulen der Nyingma-, Kagyü-, Sakya-, Gelug-Tradition.

Wir sind außerordentlich vom Glück begünstigt, dass in dieser schwierigen Zeit ein Buddha gegenwärtig war. Seit sehr vielen Generationen schon leben die Wesen unter äußerst schwierigen Bedingungen. Diese widrigen Umstände sind es, die als die »fünf Arten des Niedergangs« bezeichnet werden – man könnte sie auch die fünf Krisen nennen. Sie sind heute ebenso weit verbreitet, wie vor zweitausend Jahren. Die fünf Arten des Niedergangs beziehen sich auf:

Die Lebensspanne: Die Lebensspanne eines Menschen ist auf ungefähr 100 Jahre beschränkt. Selbst mit den Errungenschaften der modernen Medizin und der Verfügbarkeit von gesunden Nahrungsmitteln ist unsere Lebensspanne immer noch begrenzt. Unser Körper ist für verschiedenste Krankheiten anfällig, die unser Leben verkürzen können.

Die Zeit: Menschen sind gefährlichen Umweltbedingungen ausgesetzt, die die Auswirkung eines kollektiven Karma sind. Wir sind Naturkatastrophen ausgeliefert, die jeden Moment über uns hereinbrechen können, seien es Hurrikans bzw. Tornados, Erdbeben, Überschwemmungen, Brände oder plötzliche Kriege, die von törichten Menschen herbeigeführt werden.

Die Wesen: Unsere gegenwärtige Natur ist nicht vollkommen. Obwohl wir das Potential dafür haben, uns positiv zu entwickeln, tendieren wir dazu, dies nicht zu tun. Der Grund dafür ist, dass unsere Möglichkeit, uns zum Besseren hin zu entwickeln, von unseren vielen Fehlern (wie jenem der Aggression) behindert wird.

Wir leben in einer Zeit, in der sich die Mehrheit der Menschen gegenseitig Schaden zufügt. Wir sind umgeben von Kriegen, Gewalt und Ausbeutung. Viele Menschen werden Opfer fürchterlicher Gräueltaten ihrer Mitmenschen. Auch den Tieren gegenüber sind wir grausam, und die Tiere wiederum greifen sich gegenseitig an. Das Ausmaß von Leid, das Lebewesen einander zufügen, hat einen Höhepunkt erreicht.

Die Sichtweisen: Das Problem mit falschen Anschauungen ist, dass sie viele Schwierigkeiten in der Welt bewirken. Die unvollkommenen Sichtweisen der Allgemeinheit wurzeln im Festhalten an einem Ich, in Verwirrung und in Selbstsucht. Diese Denkfehler setzen sich als Ungerechtigkeit und verletzende Diskriminierung in der Gesellschaft fort. Unglücklicherweise haben falsche Sichtweisen ihren Weg in alle Aspekte des Lebens gefunden: sozial, religiös, kulturell, politisch und rechtlich.

Die Geistestrübungen bzw. negativen Emotionen: Menschen – und zwar überall – werden von negativen Emotionen beherrscht. Es ist eine Tatsache, dass diese ständig und ganz von selbst auftauchen. Obwohl es Gegenmittel gegen sie gibt, scheint deren Anwendung ein fast aussichtsloser Kampf zu sein. Wollen wir hingegen auch nur eine winzige Tugend entwickeln, müssen wir dafür große Anstrengung aufbringen, weil wir meistens von negativen Emotionen überwältigt sind.

Wir können beobachten, dass unsere Zeit besonders schlecht ist. So gut wie jedes Wesen handelt in einer Art, bei der es fast ausschließlich von seinen Geistestrübungen getrieben ist. Meistens beruht schon der erste Impuls für eine Handlung darauf und ist mit schlechtem Karma verbunden. Was wir tun, tun wir ausschließlich zu unserem eigenen Nutzen. Sogar jene, die bestrebt sind, in ihrem Leben Gutes zu tun – sei dies Dharma-Praxis oder andere positive Handlungen – stoßen in ihrem Leben auf viele Hindernissen. Hingegen scheinen viele von jenen, die unredlich und negativ motiviert sind, lange und erfolgreich zu leben, und so mancher schreckliche Führer mag sogar wiedergewählt werden! In diesen dunklen Zeiten gibt es so gut wie keine Dharma-Methode, die als wirksames Gegenmittel eingesetzt werden kann, außer der Tonglen-Praxis. Diese Schlüsselunterweisung des Gebens und Nehmens ist der einzige Weg, durch den man sogar die fünf Arten des Niedergangs für den Pfad des Erwachens nutzen kann. Hat man einmal diese Methode begriffen, ist alles nützlich. Dann sind sogar jene Dinge, die man normalerweise als schlecht erachten würde, plötzlich gut und können so verwendet werden, dass es zu guten Wirkungen führt. Das bedeutet auch, dass diese Methode alles negative Karma mit einbeziehen wird, ebenso wie die verschiedenen geistigen Trübungen und deren Auswirkungen. All das wird durch diese Praxis aufgegriffen und für das Erlangen der Erleuchtung verwendet. Alles wird dadurch transformiert – und plötzlich bemerkt ihr, dass ihr geradezu in das Erwachen hineinfallt.

So wie ein Diamant, die Sonne und der heilkräftige Baum
ist dies der wesentliche,
in all seinen Teilen kostbare Übungsweg.

Der Buddha gab je nach Fähigkeiten und Neigungen seiner Schüler viele verschiedene Lehren und Unterweisungen. Die Methoden unterscheiden sich je nach Stufe der Schwierigkeit bzw. der Verwirklichung, doch unter den zahllosen Arten von Dharma-Übungen stellt die *Lojong*-Praxis den unübertrefflichen Gipfel dar.

Sie ist so kostbar wie der vollkommenste Diamant. Ihr Wert lässt sich nicht bestimmen, weil sie der eigentliche Schlüssel ist, der das innere Tor zur Erleuchtung öffnet.

Ein anderer Vergleich kehrt die Strahlkraft der *Lojong*-Praxis hervor: Diese überaus kostbaren Lehren, heißt es, strahlen so hell wie die Sonne selbst. Auch wenn uns verschiedenste künstliche Lichtquellen zur Verfügung stehen – Kerzenlicht, Gaslicht oder auch elektrisches Licht –, im Licht der Sonne sind all diese künstlichen Lichtquellen überflüssig. Die Sonne vertreibt die Dunkelheit vollständig, im Sonnenlicht ist alles deutlich erkennbar. In ähnlicher Art und Weise vertreibt *Lojong* die Unwissenheit unseres Geistes und enthüllt alles, so wie es ist.

Ein drittes Bild hebt die besondere Kraft des *Lojong* hervor, unseren Fortschritt auf dem Weg zu beschleunigen: Geistestraining ist so wie die Wurzeln eines heilkräftigen Baums. Seine Wurzeln enthalten alle heilenden Substanzen und diese heilkräftigen Essenzen wiederum durchdringen den gesamten Baum, seinen Stamm ebenso wie seine Äste, Blätter usw. Jede einzelne Zelle des Baums enthält Heilmittel, und man kann diese aus jedem Teil des Baums extrahieren. Ebenso bildet das Geistestraining die beste Wurzel für jede Art der Dharma-Praxis. Ist das *Lojong* einmal in uns verwurzelt, ist auch jede andere Methode, die wir anwenden, von dessen Kraft, uns schnell zur Erleuchtung zu führen, durchdrungen.

Diese drei Analogien sollen die einzigartigen Qualitäten der *Lojong*-Praxis verdeutlichen und sie als die wertvollste und bedeutungsvollste Übung in unserem Leben hervorheben. Die Bilder sollen dazu beitragen, dass man dies versteht, erkennt und sich daran erinnert.

Atisha

Dieses Thangka soll von Atisha selbst stammen.

LERNE DIE VORBEREITUNGEN

1

Erster Punkt:
Lerne die Vorbereitungen;
schule dich außerdem darin,
frei von der Begrifflichkeit der Dreiheit zu sein.

Erklärungen zu den vorbereitenden Unterweisungen müssen immer das Verständnis mit einbeziehen, dass die sogenannte Dreiheit rein ist. Sie umfasst den Handelnden, das Objekt des Handelns und die Handlung selbst. Man sollte verstehen, dass diese drei nicht substanziell existent sind. In welcher Art von Handlung man auch unterwiesen wird, man sollte diese drei nicht als wirklich existent begreifen. Dies wird in Kürze klarer werden.

Übe dich zunächst in den Vorbereitungen;
denke dir, dass alle Dinge wie ein Traum sind.

Der erste Schritt in Richtung des Erwachtseins besteht darin, Zuflucht zu den Drei Juwelen zu nehmen: dem Buddha, dem Dharma und dem Sangha. Bevor man jedoch diesen ersten Schritt tut und das sogenannte Zufluchtsgelübde nimmt, sollte man sich mit den *Vier Gedanken, die den Geist auf Erleuchtung ausrichten* befassen. Sie beziehen sich auf die kostbare Existenz als Mensch, Vergänglichkeit, Karma und die Nachteile von Samsara. Um nachhaltigen Nutzen aus der Übung zu ziehen, ist es wichtig, über diese vier zu reflektieren. Ihr müsst wirklich verstehen, wie diese vier Gedanken mit euch zu tun haben. Worin liegt ihre Bedeutung für euer eigenes Leben hier und jetzt? Findet heraus, was sich verändert, wenn ihr über sie nachdenkt und das gewonnene Verständnis im Alltag anwendet. So werdet ihr anfangen, sie zu schätzen.

Da detaillierte Erklärungen zu den *Vier Gedanken* in vielen schriftlichen Werken leicht zugänglich sind, gebe ich hier nur eine allgemeine Darstellung davon.

DIE KOSTBARE EXISTENZ ALS MENSCH

Die buddhistischen Lehren erläutern im Detail, worin ein sogenanntes kostbares menschliches Leben besteht. Dabei geht es keineswegs um das Menschsein im Allgemeinen. Ganz im Gegenteil: Das kostbare menschliche Leben ist genau *dein* Leben. *Du* kannst den Dharma praktizieren, also ist *dein* Leben kostbar; *du* hast die Freiheit, dem Dharma zu folgen; *du* hast die Zeit, Dharma-Vorträge zu hören; *du* hast die Intelligenz, die Bedeutung zu verstehen, und *du* bist körperlich dazu fähig zu praktizieren. Dies macht euch klar, was ihr für ein Glück habt.

Die folgende traditionelle Geschichte verwendet eine schöne Metapher für die Kostbarkeit der menschlichen Existenz: Ein Bettler fand einmal auf der Straße einen großen Rubin. Da er nicht wusste, dass er dafür eine Menge Geld bekommen könnte, bettelte er einfach weiter, während er die ganze Zeit den Rubin in seiner Tasche trug. Als er schließlich starb, war er nach wie vor ein Bettler. Er hatte den Rubin nicht genutzt, und dieser war daher für ihn wertlos. Diese einfache Geschichte macht uns deutlich, dass wir den unermesslichen Wert unseres Lebens nur dann nutzen können, wenn wir ihn auch erkennen. Anderenfalls ist diese Existenz genauso wenig wert, wie ein Rubin, der in unserer Tasche steckt.

VERGÄNGLICHKEIT

Das Nachdenken über Vergänglichkeit, die Unvermeidbarkeit von Wandel und Tod, verändert die Art, wie man sich auf alles bezieht. Es ist wichtig, sich der Vergänglichkeit gewahr zu sein. Momente gehen vorbei und werden zu Tagen. Tage gehen vorbei und werden zu Monaten. Monate gehen vorbei und werden zu Jahren, und vorbeigehende Jahre werden bald zum Vorbeigehen unseres Lebens. Es gibt so viele Dinge, die wir in unserem Leben erfahren und tun wollen, doch nur so wenig davon lässt sich umsetzen. Denkt daran, wie viele Jahre verstreichen können, bevor ihr auch nur das eine Buch zu Ende gelesen habt, das ihr eigentlich genau dafür zur Seite gelegt habt! Mit dem Leben ist es genauso – es vergeht einfach, ohne dass ihr es bemerkt. Weil dieses Leben aber so kostbar ist, sollten wir unsere Zeit nicht damit vergeuden, den Launen unseres umherwandernden Geistes zu folgen. Da wir nicht wissen, wie lange wir leben werden und uns einer guten Wiedergeburt nicht sicher sein können, sollten wir die kostbare Zeit, die wir genau jetzt haben, schätzen und sie nicht vergeuden.

KARMA

Was Karma angeht, solltet ihr die Ursachen und Bedingungen genau untersuchen, die in den verschiedenen Situationen, auf die ihr trefft, zum Ausdruck kommen. Alles hat eine Ursache. Je genauer ihr versteht, dass negative Ursachen immer negative Wirkungen hervorbringen, umso fester wird euer Entschluss sein, positiv zu handeln.

Ein Verständnis davon, wie karmische Samen gesät werden und wie sie heranreifen, hilft einem, das Funktionieren von Karma zu begreifen. Der Ausgangspunkt für jedes Leben ist grundsätzlich der getäuschte Geist. Die Erfahrung der jeweiligen Welt, in der man geboren wird, ist die Illusion, die er projiziert. Das ganze Leben hindurch beruhen sowohl die Erfahrungen, die man in jedem einzelnen Moment macht, als auch die Eindrücke, die sie jeweils hinterlassen, auf dem Bewusstsein. Die Lehren erklären, dass über jedes Sinnesorgan jeweils eine Bewusstseinsfunktion erfolgt: So gibt es das Augen-Bewusstsein, das Ohr-Bewusstsein, das Zungen-Bewusstsein, das Nasen-Bewusstsein, das Haut-Bewusstsein (Tastsinn) und außerdem das Geist-Bewusstsein. Alles, was ihr seht, hängt vom Funktionieren eures Augen-Bewusstseins ab. Das gleiche gilt für das Riechen, das vom Nasen-Bewusstsein abhängt usw. Und die Gedanken hängen vom Geist-Bewusstsein ab. Die verschiedenen Bewusstseinsfunktionen, die auf der Grundlage eines physischen Sinnesorgans erfolgen, erstatten dem Geist-

Bewusstsein gewissermaßen Bericht. D. h. visuelle, akustische, olfaktorische, gustatorische und haptische Eindrücke werden durch die verschiedenen Bewusstseinsfunktionen der Sinnesorgane an das Geist-Bewusstsein weitervermittelt. Dieses stellt all diese Eindrücke zu vollständigen Bildern, Gedanken und Vorstellungen zusammen, d. h. zu geistigen Objekten. Das Geist-Bewusstsein umfasst auch die Grundlage, in der karmische Samen und Eindrücke gesät werden. Dies ist die Grundlage für alles. Negative Samen werden durch Unwissenheit, Egoismus, Stolz, Zorn, Neid, Hass usw. gesät. Positive Samen entstehen durch Qualitäten wie Selbstlosigkeit, Mitgefühl und liebende Güte. Diese positiven Samen führen zu Wirkungen wie jener des kostbaren menschlichen Lebens. Die Intensität der Wirkung eines jeden dieser Samen hängt von der Intensität der Absicht ab, die zur jeweiligen Handlung geführt hat.

Versucht einmal, eine bestimmte Zeit hindurch nur positiv zu denken. Ihr werdet schnell feststellen, um wie viel leichter negative als positive Geisteszustände entstehen. Positiv zu denken erfordert eine enorme Willenskraft, während es überhaupt keine Mühe bereitet, den Geist in Negativität zu belassen. Überlegt euch dann, wie ihr und andere seit anfangsloser Zeit spontan und ohne jede Mühe negative Samen im eigenen Geiststrom gesät habt. Die negativen Samen sind unendlich zahlreich und äußerst kraftvoll; sie funktionieren wie eine drängelnde Menschenmenge, die positive Geisteszustände beiseite schiebt. Dieses Phänomen ist nach dem Tod, im Bardo, d. h. der Phase zwischen diesem Leben und dem nächsten, besonders ausgeprägt. In dieser unsicheren und kritischen Zeit, bevor die nächste Wiedergeburt feststeht, boxt sich diese aggressive Menge von negativem Karma in eurer Erfahrung in den Vordergrund und verursacht Schwierigkeiten. Die kraftvollen Methoden des Geistestrainings können diese negativen Samen beseitigen.

Die *Lojong*-Praxis sollte daher jetzt, in diesem so kostbaren Leben angewandt werden. Nützt ihr diese kraftvollen Methoden nicht, ist es möglich, dass Milliarden von Lebenszeiten vergehen, bis ihr wieder eine vergleichbare Gelegenheit erlangt.

DIE NACHTEILE VON SAMSARA

Die unbefriedigende Natur von Samsara ist zwar offensichtlich, sobald man über sie nachdenkt, jedoch muss man sich selbst erst einmal davon überzeugen, dies auch zu tun. Wir können Samsara entweder im Sinne der individuellen oder der kollektiven Erfahrungen betrachten. Beginnen wir zunächst mit den individuellen:

Jeder Mensch auf dieser Erde sehnt sich nach Glück; wir alle wollen so viel Glück wie nur irgendwie möglich. Wovon erwarten wir uns Glück? Im Allgemeinen sind da köstliches Essen, Liebesbeziehungen, Sex, Ruhm und Macht. Sogar unvorstellbar reiche Leute auf diesem Planeten haben nicht mehr zu genießen als z. B. gutes Essen, Liebesbeziehungen, Ruhm und Macht. Untersuchen wir, wohin uns diese Genüsse jeweils führen, kommen wir zu interessanten Ergebnissen: Zu reichhaltiges Essen z. B. lässt uns allmählich erkranken, es führt zu Herzerkrankungen, Diabetes und Gewichtszunahme. Liebesbeziehungen hängen unweigerlich von den Emotionen der jeweiligen Partner ab, und da jeder von ihnen sein Ego und eine Menge negativer Emotionen hat, scheinen Liebesbeziehungen niemals lang genug anzudauern! Über kurz oder lang wird man unzufrieden und verfällt in Depression oder Ängste. Und falls ihr das Glück einer lang anhaltenden Liebesbeziehung haben solltet, so wird sie mit dem Alter und dem Tod dennoch zur Neige gehen. Ruhm zieht, aufgrund des Neids, den er bei anderen auslöst, immer Feinde an. Ein berühmter Mensch hat keine Freiheit, er ist seiner Privatsphäre beraubt, und sein Leben ist mit Unbehagen erfüllt. Ruhm hat kein letztendliches Ziel; da ist nur der unsichere Zustand an sich und sein unweigerliches Ende. Auch Macht und Privilegien bringen Feinde hervor. Ein Leben mit Macht ist ein Leben in Kampf – der Kampf, sie aufrechtzuerhalten, sie zu schützen und nicht entgleiten zu lassen; da ist kein letztendliches Ziel. Nach diesen Überlegungen könnte man sich fragen, ob es in Samsara darüber hinaus irgendetwas Gutes gibt.

Sehen wir uns nun dafür die kollektiven Erfahrungen an, und zwar zunächst jene der Menschen. Unser Leben verstreicht, Tag um Tag. Dies gilt für euer Leben ebenso wie für jenes der anderen, ob sie nun Freunde oder Feinde sind, ob sie zur eigenen Familie gehören oder nicht. Dies ist die Erfahrung der Menschenwelt, wie wir sie oben bereits genauer besprochen haben. Es gibt auch andere Bereiche, die man betrachten sollte, die samsarischen Erfahrungen der Tiere zum Beispiel. Ihre Erfahrung besteht in genau dem, was wir beobachten können – Tiere werden entweder angegriffen oder aber sie greifen selbst an. Ihr Leben ist von Ängsten und Leiden erfüllt; sie leben ihr Leben mit der schweren Last ihrer Dumpfheit, bis es zu Ende ist. Sie können nur auf eine bessere zukünftige Wiedergeburt hoffen. Es gibt auch noch viele andere Lebensbereiche, die zwar eine gewisse Nähe zur Welt der Menschen und der Tiere haben, jedoch davon ziemlich verschieden sind, so z. B. das Leben als hungriger Geist. Diese bedauernswerten Wesen werden ständig von Hunger und Durst gequält, jedoch ohne dass sie zufriedengestellt werden könnten. Außerdem gibt es das grenzenlose

Leid der Wesen in den Höllenbereichen. Gewissermaßen am anderen Ende der Skala gibt es Wesen – die Götter und Halbgötter –, die in Lebensbereichen wiedergeboren sind, die bei weitem mehr Annehmlichkeiten bieten als der unsere. Diese Art der Wiedergeburt beruht jedoch einzig und allein auf der Grundlage von gutem Karma, das – wenn es sich erschöpft – durch die aggressive Menge von negativem Karma beiseite gedrängt wird. Dies hat zur Folge, dass diese Lebewesen nach ihrem Tod in die Höllenbereiche fallen.

Völlig unabhängig davon, in welchem Bereich ihr geboren werdet, ist Vergänglichkeit unvermeidlich und unabwendbar. Außerdem sammelt ihr ebenso lange schon Karma an, wie ihr von Unwissenheit und Ich-Anhaften vereinnahmt seid, d.h. seit anfangsloser Zeit. Habt ihr daher einmal einen klaren Weg gefunden, der aus Samsara hinausführt, dürft ihr diese Chance einfach nicht verpassen!

Schult ihr euch darin, diese *Vier Gedanken* in eure Weltsicht zu integrieren, wird sich euer Verständnis vertiefen, und dementsprechend wird sich auch euer Engagement entwickeln. In diesem Zusammenhang ist es hilfreich, über die Biografien der Mahabodhisattvas (wie z.B. Atisha, Shantideva oder Milarepa) nachzudenken, weil deren herausragende Qualitäten euch zu einer ähnlichen Entwicklung inspirieren können, zum Beispiel, was ihre große Geduld und ihre Entschlusskraft angeht.

Habt ihr einmal über diese *Vier Gedanken* genügend reflektiert, ist es an der Zeit, sich die Qualitäten der Zufluchtsobjekte zu vergegenwärtigen, wodurch man sehr starke karmische Samen in den Geist sät. Diese heilsamen Eindrücke, die durch die Kraft der Zufluchtnahme verstärkt werden, werden ihren Weg in den Vordergrund eures Lebens finden, und zwar in jeder Lebenszeit. In jeder einzelnen Existenz werdet ihr dann euren Weg zu den Lehren finden. Um sich die Qualitäten der Drei Juwelen in einer tiefgründigen Art zu vergegenwärtigen, ist es am besten, das *Sutra vom Vergegenwärtigen der Drei Juwelen*[4] zu lesen. Hier gebe ich nur eine kurze Erklärung zu den Drei Juwelen.

DER BUDDHA

Beim Nutzen, der sich durch das Erwachen einstellt, kann man zwei Aspekte unterscheiden, den eigenen und jenen für andere. Ein Buddha zu werden bedeutet einerseits, den größtmöglichen Nutzen für sich selbst zu erlangen, da man die vollkommene Erleuchtung als solche erreicht: Jede Form der Unwissenheit ist dann völlig überwunden, und die Ebene des Dharmakaya, d. h. der »Körper der wahren Natur«, die zeitlose, erwachte Weisheit eines Buddha, ist vollständig verwirklicht. Gleichzeitig ist auch der Nutzen für andere großartig: Dadurch, dass ein Buddha den Sambhogakaya und den Nirmanakaya manifestiert – d. h. die Formkörper, die die Wünsche aller Lebewesen erfüllen und das Erlangen von Freude ermöglichen –, hilft und nützt das Erwachtsein anderen. Dieses Wirken des Buddha-Zustands zum Wohl anderer erfolgt völlig spontan und mühelos und ganz den Bedürfnissen der Wesen entsprechend.

Dadurch, dass ihr Zuflucht zum Buddha nehmt, sät ihr Samen in euren Geist, die – als sogenannter letztendlicher Nutzen – zum Verwirklichen des Buddha-Zustands heranreifen. Der unmittelbare, temporäre Nutzen dieser Samen besteht darin, bis

4 Tibetisch: dkon mchog gsum rjes su dran pa'i mdo. Sanskrit: Triratna Anusmriti Nāma Sūtra

dahin all das Verdienst ansammeln zu können, das für das Erlangen des Erwachtseins erforderlich ist.

DER DHARMA

Der Dharma besteht sowohl aus dem Erfahren von Erkenntnis als auch aus den Erläuterungen des Buddha. Die Bedeutung des Dharma ist vollkommen, sein Wortlaut ist vollkommen und er trifft genau die Bedürfnisse der Lebewesen auf dem Pfad des Erwachens.

Nehmt ihr Zuflucht zum Dharma, sät ihr Samen in eurem Herzen, die letztendlich dazu führen, dass ihr mit der vollkommenen, grenzenlosen Kraft der Rede eines Buddha alle Lebewesen zu diesem Zustand führen werdet, indem ihr ihnen ausführliche, unübertreffliche Anleitungen gebt. Schließlich gibt es tatsächlich keine einzige Gegebenheit, die von einem Buddha nicht erklärt werden könnte. Der temporäre Nutzen dieser Samen besteht in der heilsamen Kraft des Dharma an sich: In jedem Leben werdet ihr den Dharma hören und verstehen und niemals vom Pfad des Erwachens abkommen.

DER SANGHA

Sangha ist der Begriff für die Gemeinschaft vollkommener Praktizierender. Sie wird in zwei Gruppen unterschieden, nämlich der allgemeine Sangha und der höchste Sangha. Der sogenannte allgemeine Sangha ist im Grunde keineswegs »allgemein«, da er aus jenen besteht, die die Vinaya-Disziplin mit ihren insgesamt 253 Gelübden rein einhalten. Der Geist eines solchen Sangha-Mitglieds ist durch die Meditationen von Shine (der Geistesruhe; Sanskrit: shamata) und Lhagthong (der Tiefen

Einsicht; Sanskrit: vipashyana) gut geschult, und es ist eine starke Motivation vorhanden, das Erwachtsein zu erlangen. Mit einer Gruppe von vier solcher Sangha-Mitglieder ist das vollständige Verdienstpotenzial des Sangha gegeben. Das bedeutet, dass es genauso verdienstvoll ist, dieser Gruppe Opferungen darzubringen, wie dem höchsten Sangha zu opfern, auch wenn diese vier noch keine hohen Erkenntnisebenen erlangt haben.

Der höchste oder besondere Sangha besteht aus jenen, die im Besitz der zwei Bodhicitta-Gelübde sind, d. h. der altruistischen Absicht und der Fähigkeit, alle sechs Paramitas oder Vollkommenheiten tiefgründig und geschickt anzuwenden. Dies bedeutet, dass sie das vollkommene Wirken eines Bodhisattva ausführen und dabei nicht von den 253 Gelübden abhängen. Der höchste Sangha besteht aus Arhats, Pratyekabuddhas und Bodhisattvas, die bereits den Weg des Sehens erlangt haben.

Der letztendliche Nutzen, der sich mit der Zufluchtnahme in den Sangha einstellt, ist, dass man in jeder Lebenszeit herausragenden Lehrern begegnen und letztendlich Erleuchtung erlangen wird. Der temporäre Nutzen besteht im Schutz davor, fehlgeleitet zu werden. Außerdem wird das Verdienst, das daher rührt, dass man den Sangha aufrichtig verehrt, zu guten Wiedergeburten als Mensch führen, d. h. man wird in keinen der acht ungünstigen Lebensumstände geraten. Diese für die Dharma-Praxis hinderlichen Existenzen sind: Die Höllenbereiche, die Bereiche der hungrigen Geister, die Tierbereiche, die sogenannten barbarischen Existenzen, die stumpfen Götterbereiche[5], als Mensch mit falschen Sichtweisen, als Mensch in einer Umgebung, in der es keinen Buddha-Dharma gibt, sowie

5 In diesem Fall führt das positive Karma, das man durch viel Shamatha-Meditation aufgebaut hat, zu einer Wiedergeburt im Götterbereich. Weil man bei der Meditation jedoch einen stumpfen und der Täuschung unterliegenden

als Mensch mit Behinderungen in einem Ausmaß, dass ein Verstehen und Anwenden der Dharma-Praxis unmöglich ist.

Angesichts dieses riesigen Nutzens der Zufluchtnahme wird deutlich, wie wichtig es ist, damit zu beginnen. Die Zufluchtnahme ist als Grundlage für das Geistestraining wesentlich. Im Idealfall sollte man auch die Möglichkeiten genau studieren, wie man das Verdienst, das vom Zufluchtsgelübde herrührt, weiterentwickelt und wie man jene Fehler vermeidet, die dieses kostbare Verdienst ruinieren könnten.

Auf der Basis der Zuflucht kann man weitere Gelübde nehmen. Ob man die Laiengelübde, die Novizengelübde, die Brahmacarya-Gelübde (völlig ohne Familie zu leben, so wie Milarepa) oder die vollen Mönchs- bzw. Nonnengelübde nimmt, hängt ganz von der eigenen Fähigkeit ab, Samsara zu entsagen. Danach könnt ihr auch die Bodhisattva-Gelübde nehmen. Ohne die Zufluchtsgelübde kann man weder die Laiengelübde noch die monastischen Gelübde nehmen, und ohne eine dieser beiden Gruppen von Gelübden fehlt die Grundlage für das Bodhisattva-Gelübde. Ohne das Bodhisattva-Gelübde wiederum hat man keine Basis für die *Lojong*-Praxis.

DIE ALLGEMEINE SHINE-PRAXIS

Ein weiterer Aspekt der Vorbereitungen besteht in dem Verständnis, dass der Geist gezähmt werden muss. Man muss Gedanken in den Griff bekommen, und dafür ist es erforderlich, die Shine-Meditation, das In-Ruhe-Verweilen oder Geistesruhe, zu erlernen. »Shi« ist die Kurzform für das tibetische Wort

Geist hatte, schläft man dort gewissermaßen tausende oder gar Millionen von Jahren.

»shiwa« und bedeutet »still«, »ruhig« oder »friedlich«. »Ne« ist kurz für »nepa« und bedeutet »verweilen« oder »ruhen«. Es gibt viele Formen der Shine-Praxis, jedoch ist es wesentlich, einmal die Grundlagen von Shine zu erlernen, um eine gute Stabilität in der Konzentration zu gewinnen. Für das Erlernen des »In-Ruhe-Verweilens« ist zunächst einmal die Sitzhaltung wichtig.

Die Sitzhaltung

(1) Für die Meditation solltet ihr kerzengerade sitzen. Die Beine können entweder in der vollen Lotusstellung übereinander verschränkt sein oder aber so angewinkelt, dass das linke Bein innen und das rechte Bein außen liegt. Menschen mit langen Beinen sollten normalerweise auf einem höheren Kissen sitzen, aber die Höhe des Kissens hängt wirklich von euren Körperproportionen ab. Es ist wichtig, dass die Wirbelsäule ganz gerade ist. Der Bauch ist etwas eingezogen, während das Becken, der Balance wegen, ganz leicht nach vorn gekippt ist. Damit ist sichergestellt, dass die Körpermitte vollkommen gerade ist, und genau dies ist die ideale Meditationshaltung.

(2) Um den Oberkörper in seiner aufrechten Haltung zu unterstützen, sollten auch die Schultern auf gleicher Höhe und gerade sein.

(3) Die Hände können in der Meditationshaltung im Schoß liegen. Dabei zeigen die Handflächen nach oben, und die rechte Hand liegt auf der linken. Die Schultern zieht man ein klein wenig hoch und nach hinten, damit die ausgestreckten Arme leicht gegen die beiden Körperseiten gepresst werden können. Diese Position stabilisiert die gerade, aufrechte Wirbelsäule noch mehr. Alternativ könnt

ihr die Hände mit den Handflächen nach unten auch auf die beiden Knie legen, achtet dabei jedoch darauf, dass die Schultern gerade bleiben.

(4) Der Nacken sollte ein wenig nach vorne geneigt sein, so dass das Kinn ein klein wenig in Richtung der Brust zeigt.

(5) Die Augen sollten halb geöffnet sein; der Blick ist nach vorn und etwas nach unten gerichtet.

(6) Der Mund sollte weder offen noch fest geschlossen sein. Lasst die Lippen völlig entspannt in einer ganz natürlichen Stellung.

(7) Man atmet hauptsächlich durch die Nase und nicht durch den Mund.

Dies sind die wesentlichen Punkte einer korrekten Körperhaltung für die Meditation. Jetzt zu den Unterweisungen, wie der Geist lernt, sich zu konzentrieren.

Um den Geist in Konzentration zu schulen, solltet ihr euch auf den Atem ausrichten. Dafür gibt es eine ganze Reihe von Techniken. Stellt euch zunächst den Atem als einen leuchtenden, schmalen und bogenförmigen Lichtstrahl vor. Beim Ein- und Ausatmen konzentriert ihr euch darauf, wie dieser bogenförmige Lichtstrahl durch die Nasenlöcher ein- und ausströmt. Zählt jeden Atemzyklus, d.h. jeweils einmal Aus- und Einatmen, bis ihr insgesamt einundzwanzig Atemzyklen erreicht habt. Ihr könnt mit einem sanften Einatmen beginnen und dann mit dem Zählen anfangen: Ausatmen, Einatmen – eins. Ausatmen, Einatmen – zwei. Ausatmen, Einatmen – drei usw. Um das Zählen zu unterstützen, könnt ihr auch eine Mala (Zählkette) verwenden oder ein Handzählgerät. Zählt einundzwanzig Atemzyklen, legt eine kurze Pause ein und beginnt von Neuem, wobei ihr wieder einundzwanzig Atemzyklen zählt und dabei die Vorstellung der Atemluft als Lichtbogen aufrecht haltet.

Am Anfang mag der Geist abgelenkt sein, und es ist vielleicht schwierig, einundzwanzig Atemzyklen zu zählen. Seid unbesorgt, auch wenn es zu Beginn sehr mühsam sein mag. Lasst die Konzentration einfach ganz ruhig immer wieder zum Atem zurückkehren. Einundzwanzig Atemzyklen hindurch eine gute Konzentration aufrechtzuerhalten, wird zu einem Zustand der Ruhe in Körper, Rede und Geist führen. Gelingt es euch, einundzwanzig Atemzyklen ohne jegliche Ablenkung oder Störung zu zählen, habt ihr eine sehr gute Qualität in eurer Konzentration erreicht. Könnt ihr dann oftmals hintereinander einundzwanzig Atemzyklen hindurch die gleiche Konzentration aufrechterhalten, wird der Geist mit dieser Übung schnell vertraut werden.

Habt ihr einmal diese Übung von einundzwanzig Atemzyklen in völliger Konzentration tausend Mal wiederholt und damit insgesamt die Zahl von 21 000 Atemzyklen erreicht, wird sich ein wirklich gutes Ergebnis einstellen: Ihr werdet echte Ruhe erlangt haben. Dies erfordert natürlich eine entsprechende Zeit. Einundzwanzig Atemzyklen zu zählen dauert in etwa fünf Minuten, was bedeutet, dass man pro Stunde in etwa 252 Atemzyklen hindurch konzentriert verweilen kann. Das heißt, dass die vollständigen 21 000 Atemzyklen dreieinhalb Tage an fortlaufender Konzentration in Anspruch nehmen würden. Natürlich könnt ihr zwischendurch auch Pausen einlegen! Übt man sich zum Beispiel acht Stunden täglich, dann ist es möglich, in zehneinhalb Tagen die 21 000 Atemzyklen hindurch konzentriert zu verweilen. Wer so praktiziert, wird herausragende Resultate haben.

Zu diesem Zeitpunkt ist es auch gut, etwas analytische Philosophie mit einzubeziehen:

Betrachtet, während der Geist auf den Atem konzentriert ist, das Verhältnis zwischen dem Geist und dem Atem. Ist der den Atem erlebende Geist dasselbe wie der Atem? Oder ist er etwas vom Atem Verschiedenes?

Zuerst wird uns klar werden, dass der Geist nicht dasselbe wie der Atem ist. Der Atem ist etwas, worauf der Geist ausgerichtet ist, daher kann der Atem nicht dasselbe wie der Geist sein.

Gleichzeitig ist der Geist, wenn er auf das innere Bild des Atems fokussiert ist, nicht etwas vom Atem gänzlich Verschiedenes. Damit der Geist nämlich auf die Vorstellung des Atems ausgerichtet sein kann, können der Geist und der Atem nicht gänzlich verschieden voneinander sein. Schließlich ereignet sich die Wahrnehmung des Atmens nicht außerhalb des ihn erlebenden Geistes.

Dies macht uns deutlich, dass der den Atem wahrnehmende Geist und der wahrgenommene Atem nicht unabhängig voneinander bestehen. Schließlich ist diese Art des fokussierten Atmens ohne einen Geist, der sich dessen gewahr ist, nicht möglich: Ausatmen, Einatmen – bestehen diese denn für sich allein? Nein, und zwar deshalb, weil das Atmen wahrgenommen wird. Ohne diese geistige Ausrichtung auf den Atem kann dieser nicht erfahren werden. Der Geist und der Atem »existieren« in unserer Wahrnehmung nur in dieser gegenseitigen Beziehung.

So wie dies bei allen Gegebenheiten der Fall ist, sind die wahrgenommenen Dinge und der sie wahrnehmende Geist voneinander abhängig und daher nicht als solche real existent.

Folglich sind der Geist und der Atem weder von einer noch von unterschiedlicher Natur. Dies ist das Wesen der Illusion.

Alle Gegebenheiten, Erleber und Erlebtes, sind leer von einer unabhängigen, realen Eigennatur und daher mit einem Traum vergleichbar.

Lasst die Erfahrung in euch zu, dass der Geist und der Atem weder voneinander verschieden noch eines sind. Mit diesem Verständnis solltet ihr in der Meditation weder am Geist noch am Atem als wahrhaft vorhanden festhalten.

Weitere Übungen zur Shine-Praxis

Hat man einmal die oben beschriebene sehr stabile Geistesruhe erlangt, kann man sie in unterschiedlichster Hinsicht einsetzen. Es gibt tatsächlich viele verschiedene Formen der Shine-Praxis, und man kann damit die erlangte Konzentrationsfertigkeit nutzen, um die vielen verschiedenen Ablenkungen in den Griff zu bekommen und zu bändigen.

Will man allmählich die vielen subtilen Ablenkungen, die jeden plagen, in den Griff bekommen – was wirklich die einzige Möglichkeit ist, ausdauernden Fleiß in der Meditation zu entwickeln –, dann muss man zuerst die gröberen Ablenkungen verringern, die sich ganz an der Oberfläche des Erlebens abspielen. Hier herrscht, mit den vielen flüchtigen Arten von Vergnügungen im Leben, keinerlei Mangel an möglichen Ablenkungen. Um daher das eigentliche Ziel der Shine-Praxis allmählich zu erlangen, d. h. die äußerst subtilen Ablenkungen in den Griff zu bekommen, muss man zunächst bei diesen an der Oberfläche liegenden beginnen. Die im Folgenden dargestellte Reihe bestimmter Shine-Übungen dient dazu, diese Ablenkungen in den Griff zu bekommen. Da jede dieser Übungen ihren spezifischen Zweck hat, ist es nicht erforderlich, damit fortzufahren, wenn man sie einmal gemeistert hat.

Das Gegenmittel gegen Begierde:
die Konzentration auf die Unattraktivität des Körpers

Die wirksamste Art, der Kraft der Begierde entgegenzuwirken, ist, sich auf die Vergänglichkeit des Körpers zu konzentrieren. Visualisiert zunächst euren Körper so deutlich wie möglich. Versucht wirklich zu verstehen, genau zu begreifen, dass er eine Summe von Teilen ist, die alle voneinander abhängen: Das Skelett ist eine durch Sehnen verknüpfte Ansammlung von Knochen. Es enthält und schützt die vielen Organe und ist von einem Netzwerk von Muskeln umgeben. Dann gibt es noch Fleisch, Fett, den Blutkreislauf, das Nervensystem usw. und darum herum gewickelt, fast wie ein Sack, ist die Haut. Stellt euch jetzt einen Fäulnisfleck in der Größe einer Daumenspitze auf eurer Stirn zwischen den Augen vor. Dieser Fleck fault. Was ist seine Farbe? Welche Farben wird er noch annehmen? Stellt euch die ekelerregenden Farben vor, die sich auf einer verwesenden Leiche zeigen. Genau diese Farben tauchen jetzt auf eurer Stirn auf. Dann beginnt sich diese Verwesung auf euren gesamten Körper auszudehnen. Euer ganzer Körper verfault, verwest und fällt allmählich auseinander. Das verfaulte Fleisch eures Körpers fällt in Stücken auf den Boden um euch herum. Auch eure Organe verfaulen, verwesen und fallen in Stücken zu Boden. Jetzt ist nur mehr euer Skelett intakt, und da ist auch noch ein winziges Stückchen frisches Fleisch an jedem der beiden Füße, gleich neben der großen Zehe. Nur diese beiden winzigen Fleckchen – sie haben die Größe einer Daumenspitze – sind von diesem Zerfall unberührt. Dann beginnt sogar euer Skelett auseinanderzufallen und liegt jetzt als verstreute Knochen am Boden. Dieser Knochenhaufen, der ursprünglich euer Skelett ausgemacht hat, dehnt sich jetzt aus und wächst an. Er wird riesig, bis er fast unvorstellbar groß ist. Stellt euch vor, dass er sich bis an die Ufer der Meere erstreckt, die den Kontinent, auf dem ihr lebt, umgeben. Dieser Knochenhaufen erstreckt sich von Osten nach Westen, von Norden nach Süden. Eure Knochen sind riesig, der Schädel ist gigantisch groß, so auch die Wirbelsäule usw. Dann, langsam, ganz langsam, beginnt das Skelett, wieder zu schrumpfen und sich zusammenzufügen, bis es ganz langsam wieder seine ursprüngliche Größe und Form in der Sitzposition annimmt. Ist euer Skelett wieder in seiner gewohnten Gestalt hergestellt, fangen die winzigen unversehrten Fleischstückchen bei den großen Zehen an, sich auszudehnen. Von dort ausgehend wächst alles nach: Organe, Muskeln, Fleisch, Blut usw. Zuletzt wächst auch das Gesicht nach. Alles ist jetzt wiederhergestellt, mit Ausnahme eines kleinen Fleckchens zwischen den Augen, das jederzeit wieder zu faulen beginnen kann. Legt nun eine kurze Pause ein und beginnt die Meditation dann wieder von Neuem. Habt ihr dies oft praktiziert, kommt ihr an einen Punkt, an dem ihr mit Übelkeit und Ekel in Bezug auf euren eigenen Körper und jenen anderer reagiert. An diesem Punkt solltet ihr dann mit dieser Übung aufhören. Nach Abschluss der Meditationssitzung sollte man sich den Fäulnisfleck nicht weiterhin vorstellen und, wie oben bereits erklärt, sollte man außerhalb der Meditation an dieser Praxis nicht als etwas Wirkliches festhalten.

Das Gegenmittel gegen Zorn:
die Konzentration auf Mitgefühl und liebende Güte

Die effektivste Art, um Zorn entgegenzuwirken, ist, Mitgefühl und liebende Güte zu entwickeln.

Für das Entwickeln von Mitgefühl solltet ihr euch auf das Leid konzentrieren, das den Geist aller Lebewesen durchdringt. Drei Arten von Leid sind im Geist aller Lebewesen anzutreffen: Leiden, Traurigkeit und Enttäuschung. Ein leidender Geisteszustand ist dann der Fall, wenn der Geist ständig von irgendetwas gequält ist. Auslöser dafür können z. B. körperliche Schmerzen sein. Ein trauriger Geisteszustand wird durch bestimmte Gedanken ausgelöst, dahingehend z. B., dass das, was man eigentlich gebraucht hätte, nicht eingetreten ist, bzw. das eingetreten ist, was man nicht gewollt hat. Alles, was zu Niedergeschlagenheit und Depression beiträgt, gehört zur Traurigkeit. Enttäuschung schließlich wird – anders als dies bei Leiden und Traurigkeit der Fall ist – von außen ausgelöst. Was und wer auch immer euch verletzt oder schädigt, löst Enttäuschung in euch aus.

Denkt zunächst über diese drei Arten von Leid nach, die den Geist plagen. Haltet euch dann vor Augen, wie andere darunter leiden. Konzentriert euch dabei zunächst auf die winzigsten Wesen, auf Ameisen, Regenwürmer usw. Macht euch klar, dass jede einzelne Ameise einen Geist hat, und dass dieser Geist, ganz gleich, wie klein das Wesen auch sein mag, von diesen drei Arten des Leids geplagt wird. Versucht wirklich nachzuempfinden, wie sie ihr Leid spüren. Betrachtet dann allmählich immer größere Lebewesen, Hunde, Kühe usw. und konzentriert euch darauf, dass jedes Wesen einen Geist hat, der von diesen drei Arten des Leids geplagt ist; versucht dann, ihren Schmerz tatsächlich zu spüren. Setzt dies fort, bis ihr beim Geist der Menschen angelangt seid. Wenn ihr spürt, wie andere – genauso wie ihr selbst – ständig dieses Leid erleben, könnt ihr ihren Schmerz wirklich nachempfinden. Spürt ihren Schmerz genauso stark wie euren eigenen und entwickelt dabei den Wunsch, dass alle Lebewesen von diesen drei Arten von Leid frei sein mögen.

Betrachtet jetzt die Natur des Leids: Worin besteht es? Woher kommt es? Haltet euch vor Augen, wo das Leid auftritt – im Geist. Leid durchdringt jeden Moment des Geistes; jeder Bewusstseinsmoment enthält Traurigkeit, Enttäuschung und subtiles Leid. Dies ist die eigentliche Realität der ersten Edlen Wahrheit: »Es gibt Leid.« Das Bewusstsein ist nie in Frieden, nicht einen Moment lang. Überlegt euch dann Folgendes: Wenn nicht das Bewusstsein eines bestimmten Menschen Leid erlebt, dann gibt es für ihn überhaupt kein Leid. Aber was ist nun dieses Bewusstsein? Untersucht es genau und ihr werdet sehen, dass der Geist in jedem seiner Momente vergänglich ist, nichts Festes oder Dauerhaftes. Er ändert sich von Moment zu Moment, ohne dass ihm eine einheitliche, feste Essenz zugrunde liegen würde. Durch eine gewissenhafte Untersuchung werdet ihr entdecken, dass der Geist tatsächlich leer ist, dass es so etwas wie ein Selbst, das ihm zugrunde liegen würde, nicht gibt. Damit wird deutlich, dass die falsche Vorstellung eines Selbst, die falsche Vorstellung einer Dauerhaftigkeit des Geistes, die Grundlage für jede dieser drei Arten von Leid ist. Versteht, dass, während jedes Lebewesen, einschließlich eurer selbst, gleichermaßen leidet, es im Grunde kein Selbst gibt, das leiden könnte, da der Geist leer ist. Mit diesem Verständnis als Grundlage solltet ihr dann den intensiven Wunsch entwickeln, dass alle Wesen frei von ihrem Leid werden mögen. Dieser Wunsch ist Mitgefühl.

Nachdem ihr den aufrichtigen Wunsch entwickelt habt, dass alle Wesen frei von Leid sein mögen, entwickelt den ebenso intensiven Wunsch, dass alle Lebewesen Glück erleben mögen. Geht dabei so vor, dass ihr euch vor Augen haltet, dass jedes Lebewesen genau das gleiche Bedürfnis nach Glück hat wie ihr selbst. Bringt dann aus der Tiefe eures Herzens den Wunsch hervor, dass jedes einzelne Wesen echte Freude erleben möge. Dies ist liebende Güte.

Diese Konzentration ist unendlich heilsam, sie bewirkt grenzenloses Verdienst. Ihr könnt diese Meditation wochenlang üben, solange bis ihr euch – von dem Moment an, in dem ihr euch zur Meditation hinsetzt – mit Leichtigkeit und mühelos konzentrieren könnt: Alle Lebewesen leiden genauso wie ich; Leid wird vom Geist erlebt; der Geist ist in keinem Moment vorhanden. Daher ist der Geiststrom leer, und es gibt nichts, an dem man festhalten könnte. Möge jedes Lebewesen dies erkennen und somit frei von Leid werden. Alle Lebewesen wünschen sich Freude, genauso wie ich; mögen alle Wesen wahre Freude erleben.

Das Gegenmittel gegen Stolz:
Wo ist das Ich?

Die nächste Art der Konzentration ist ein ideales Gegenmittel gegen Stolz und Ich-Anhaften. Diese Meditation ermöglicht uns, zu verstehen, dass es kein Selbst gibt, an dem man festhalten und auf das man stolz sein könnte.

Beginnt mit der Betrachtung des Festhaltens bzw. der Anhaftung als solcher. Ist dieses Festhalten etwas, das unabhängig von anderem besteht? Nein, es kann nicht unabhängig sein, da es voraussetzt, dass da etwas ist, an dem man festhält. Zum Beispiel erleben wir: »dies ist *mein* Telefon« oder »dies sind *meine* Schuhe«. Überlegt euch jetzt, wie ihr an euch selbst als etwas Besonderem festhaltet, etwas Einzigartigem, als den Mittelpunkt eurer eigenen Welt. Woran haltet ihr fest? Was an *euch* ist es, woran ihr festhaltet? Ist es die Körperform? Betrachtet die verschiedenen Bestandteile, die eure Gestalt ausmachen. Denkt einmal nur an die Haut, von den Zehenspitzen bis zum Scheitel, vorn und hinten – einfach nur an die Haut. Fragt euch: »Bin das *ich*?« Betrachtet dann alles andere, das Fleisch, die Muskeln, das Fett, die Organe usw. Nehmt euch die Zeit, in Biologiebüchern nachzuschlagen, um euch ein Bild vom Fleisch usw. zu machen, und nutzt dann wirklich eure Vorstellungskraft, um euch euer eigenes Fleisch vorzustellen. Wo bin *ich*? Bin *das* ich? Bin *ich* in irgendeinem Teil meines Fleisches, meines Herzens, meines Kopfes? Dann betrachtet die Blutgefäße. Entfernt geistig das Fleisch, die Muskeln und die Organe eures Körpers und seht euch den gesamten Blutkreislauf an. Wo bin *ich* in diesem Netzwerk von Venen, Arterien und Kapillargefäßen? Bestimmt ist – während ihr nach euch selbst sucht – noch das Gefühl eines Selbst da, aber versucht einmal, es irgendwo zu lokalisieren! Ihr werdet feststellen, dass da nirgendwo ein *Ich* ist.

Denkt jetzt an all die Flüssigkeit in eurem Körper: Blut, Lymphe, Wasser, Urin usw. Ist da in diesen Litern verschiedener Flüssigkeiten denn irgendetwas, das euer *Ich* ist? Betrachtet dann eure Knochen. Konzentriert euch auf jeden Teil eurer selbst, seht euch die Knochen jedes einzelnen Körperteils an. Betrachtet langsam jeden einzelnen Teil der Knochenstruktur. Findet heraus, ob es dabei etwas gibt, an dem man als einem Selbst festhalten könnte: Bin *das* ich? Untersucht jetzt die Hohlräume im Körper: in den Gedärmen, im Knochenmark, in den Blutgefäßen, in der Lunge, in den Ohren usw. Könnt ihr dort irgendwo ein Selbst finden? Denkt dann über die Elemente des Körpers nach, über die Luft, die Wärme, die Kühle: Bin *das* ich? Betrachtet jetzt die verschiedenen Arten von Sinnesbewusstsein jedes einzelnen Sinnesorgans und versucht, dort das *Ich* zu finden. Ist mein *Selbst* in meinem Klang-Bewusstsein? Haltet ihr das Klang-Bewusstsein für das Selbst, wie kommt es dann zum Seh-Bewusstsein? Wo beim Sehen ist das *Ich*? Wie ist es mit dem Tasten, dem Berühren, dem Riechen und sogar dem Denken? Wie kann es ein *eigenes* Selbst in jedem dieser Sinne geben? Hat jedes Sinnesbewusstsein *ein* Selbst, dann hättet ihr mindestens fünf oder sechs Arten von Selbst – dann wäre man nicht einer, sondern viele. Es würde bedeuten, dass jedes Sinnesbewusstsein ein eigenes Selbst hätte. Wie kann man aber viele Arten von Selbst sein? Falls ihr meint, dass die Sinnesbewusstseinsarten ein *gemeinsames* Selbst haben, wäre die Folge, dass man mit den Augen hören und mit der Haut sehen könnte usw. Findet man in keinem *einzelnen* all dieser Teile ein Selbst, wie soll es dann ein ihnen allen *gemeinsames* Selbst geben? Auf diese Art solltet ihr meditieren.

Betrachtet außerhalb der Meditation, wie die Vorstellung eines Selbst eine reine Illusion ist. Ihr habt jeden einzelnen Teil eures Körpers untersucht und dabei nirgendwo ein Selbst gefunden. Es handelt sich daher um eine Täuschung. Da es also nichts gibt, was man als Selbst erachten könnte, gibt es auch nichts, an dem man festhalten kann. Diese Gedankengänge werden das Festhalten, das man an sich selbst hat, verringern, und damit auch den Stolz und das Ego. Ich empfehle euch, mit dieser Konzentration ungefähr eine Woche lang zu arbeiten.

Das Gegenmittel gegen Unwissenheit: das Sich-Ereignen in Abhängigkeit

Mit dieser Meditation überwindet man die grundlegende Unwissenheit in Bezug auf die wahre Existenz von einem selbst und anderen. Traditionellerweise betrachten Buddhisten bei dieser Meditation den gesamten Verlauf der zwölf Glieder des Sich-Ereignens in Abhängigkeit, die zu einer samsarischen Existenz führen, ausgehend von grundlegender Unwissenheit bis zum Tod. Kurz gesagt sind diese zwölf Glieder: 1.

Unwissenheit, 2. gestaltendes Karma, 3. Bewusstsein, 4. Name und Form, 5. die sechs Grundlagen der Sinneswahrnehmung, 6. Kontakt, 7. Empfindung, 8. Festhalten, 9. Ergreifen, 10. Werden, 11. Geburt und 12. Altern und Tod. Hier solltet ihr die Meditation jedoch so durchführen, wie ich es in der Folge beschreibe, d. h. man wendet den analytischen Prozess auf die verschiedenen Glieder an, ohne dabei notwendigerweise alle zwölf durchzugehen.

Überlegt euch zunächst, wie euer Leben begonnen hat. Denkt an den allerersten Moment, die Empfängnis. Das war der allererste Moment eurer jetzigen Existenz. Ist darin also die Wirklichkeit eurer Existenz begründet? Wenn ja, dann fragt euch, ob euer Leben, euer Körper, von eurer Mutter *oder* eurem Vater stammt. Sollte es vom Vater kommen – wozu habt ihr dann eine Mutter gebraucht? Falls es hingegen auf eure Mutter zurückgeht – wozu habt ihr dann einen Vater benötigt? Ob euer Leben nun von dem einen oder dem anderen gekommen ist: Es müsste dann gewissermaßen bereits vor »euch selbst« existiert haben. Außerdem, falls euer Leben nicht von entweder eurem Vater oder eurer Mutter gekommen ist, wie könnte es dann auf beide zusammen zurückgehen? Lassen wir dies jedoch einen Moment beiseite.

Denkt jetzt über euch *selbst* im Moment der Empfängnis nach. Ward das wirklich *ihr*? Habt ihr damals euch selbst gegenüber Anhaftung empfunden? Wenn da kein Ich-Anhaften vorhanden war, wie könnt es dann ihr *selbst* gewesen sein? Überlegt euch dann Folgendes: Wenn *ihr* von Seiten eurer Mutter oder eures Vater gekommen seid und ihr eine Ich-Anhaftung habt, dann müsste sich dieses Ich-Anhaften entweder auf euren Vater oder auf eure Mutter beziehen. Nur, wo bleibt da das *Ich*? Da ein unabhängig existierendes Ich-Anhaften unmöglich ist, und der

Körper ohne das Ich-Anhaften nicht *man selbst* ist, stellt sich die Frage, was zuerst da war – der Körper oder das Ich-Anhaften? Unabhängig vom anderen kann keines der beiden bestehen. Soweit zum Untersuchen des Körpers.

Denkt jetzt über Empfindungen nach. Wo sind Empfindungen – jetzt in diesem Moment? Existieren die Empfindungen im Ich-Anhaften oder im Körper? Sind die Empfindungen im Körper, dann müsste man auch ohne ein Ich-Anhaften, ohne ein Selbst-Erleben, Empfindungen haben. Existieren Empfindungen hingegen nur im Ich-Anhaften, dann müsste man auch ohne einen Körper Empfindungen haben. Soweit zum Untersuchen der Empfindungen.

Denkt dann über Wachstum im Leben nach. Existiert dieses Wachstum im Geist? Oder ist es in der physischen Form, die keinen Geist hat? Wenn Wachstum im Fleisch, in den Knochen usw. existiert, dann müsste der Körper – auch ohne den Geist – als etwas Lebendiges wachsen. Existiert das Wachstum nur im Geist, dann müsste das Leben auch ohne einen Körper wachsen. Daher: das Leben existiert nicht unabhängig, weder im Fleisch noch in den Knochen, noch im Geist, der an einem Ich festhält. Wenn keines der beiden ein unabhängiges Wachstum oder Leben haben kann, wie soll es dann durch die Kombination der beiden möglich sein? Der Anfang des Lebens ist ein Trugbild, und das Wachstum des Lebens ist ebenfalls eine Trugbild. Betrachtet jetzt das Leben an sich. Existiert das Leben als solches, ist es dann zu Beginn bereits vorhanden oder erst in seinem Wachstum? Wenn das Leben bereits am Anfang existiert, hätte es nicht heranwachsen müssen, da es in diesem Fall bereits da gewesen wäre. Ist das Leben hingegen in seinem Wachstum vorhanden, dann kann da kein Anfang sein. Was ist es? Wo ist es? Ist es in seinem Anfang, im Wachstum, im Altern oder gar im

Tod? Ist das Leben im Tod, wie könnte der Tod dann der Tod sein? Schließlich wäre in diesem Fall der Tod das Leben. Wie aber kann der Tod eintreten, wenn es kein Leben gibt? Wo ist der Tod? Was ist der Tod? Der Tod muss also auch ein Trugbild sein. Existiert der Tod im Tod oder im Leben?

Dehnt den Anwendungsbereich jetzt aus und wendet diese Gedankengänge auf jeden Aspekt eurer selbst an. Existiert irgendetwas davon unabhängig? Vielleicht euer Bewusstsein? Versucht herauszufinden, ob irgendeiner eurer vielen feinen Gedanken im Körper oder im Geist ist. Betrachtet zum Beispiel das Festhalten an eurer eigenen Schönheit. Existiert dieses Festhalten in eurem Geist, dann würdet ihr sogar ohne einen Körper an eurer eigenen Schönheit hängen. Aber wo ist – ohne Körper – die Schönheit, an der man festhalten könnte? Auf der anderen Seite: Ist dieses Festhalten im Fleisch, in den Knochen und der Haut vorhanden, dann müsste die physische Form auch ohne einen Geist das Festhalten erleben. Wendet diese Gedankengänge auf jede einzelne Vorstellung an. Und bald werdet ihr entdecken, dass es sich bei all dem um Trugbilder handelt. Das Ich, die anderen, Körper, Empfindungen: All dies ist zwar da, wenn sämtliche Faktoren – der Körper, der Geist und die Erfahrungen – zusammen sind, jedoch stellt nichts davon eine in sich unabhängige Wirklichkeit dar. Folglich ist alles wie eine traumgleiche Illusion. Mit Hilfe dieser Meditation entwickelt man ein genaues Verständnis der wechselseitig abhängigen Natur der Phänomene. Dieses Verständnis nennen wir auf Tibetisch *chökyi sherab* (Einsicht in Bezug auf alle Gegebenheiten). Es ist ein perfektes Gegenmittel gegen Unwissenheit.

ABSCHLIESSENDE GEDANKEN ZU DEN VORBEREITUNGEN

Werfen wir, um den Abschnitt der Vorbereitungen abzuschließen, einen kurzen Blick zurück: Als vorbereitende Praxis für das *Lojong* an sich ist Shine unerlässlich. Die oben geschilderten Meditationen helfen, die fünf Geistesgifte und alle Unruhe im Geist zu bändigen. Es ist wichtig, mit der ersten Übung zu beginnen, dem Zählen des Atems, und dadurch Konzentration zu entwickeln, denn mit einer großen Fertigkeit in dieser Praxis kann man auch alle anderen leicht anwenden. Um die hier vorgestellten Shine-Übungen nochmal zusammenzufassen:

(1) Die Shine-Übung des Zählens der Atemzüge: ein Gegenmittel gegen ständige Gedanken und Unruhe.
(2) Die Shine-Übung der Körperzersetzung: ein Gegenmittel gegen körperliche Begierde und Ablenkungen.
(3) Die Shine-Übung des Entwickelns von liebender Güte und Mitgefühl: ein Gegenmittel gegen Zorn und Missgunst.
(4) Die Shine-Übung des Suchens nach dem Selbst: ein Gegenmittel gegen das Ego und gegen Stolz.
(5) Die Shine-Übung der Konzentration auf wechselseitige Abhängigkeit: ein Gegenmittel gegen Unwissenheit.

Damit ihr während der Konzentration auf diese verschiedenen Punkte eine gute Meditationsqualität aufrechterhalten könnt, solltet ihr auf einige Dinge achten und sie anwenden: Zunächst einmal solltet ihr euch, wenn ihr merkt, dass ihr unruhig werdet, einen Moment entspannen. Wenn sich Schläfrigkeit einstellt, solltet ihr körperlich disziplinierter sein: Geht dafür die Anleitung zur korrekten Meditationshaltung durch und richtet euch auf. Dies wird eurem Geist wieder Energie zuschießen. Seid während der Meditation immer wachsam in Bezug auf euer Gewahrsein. Achtet immer darauf, wann es gut ist, sich zu entspannen, sich zu fokussieren usw. Außerdem sind gute Essgewohnheiten hilfreich, was grundsätzlich bedeutet, dass man nicht zu viel isst. Idealerweise sollte der Magen beim Essen nur zur Hälfte mit Nahrung und zu einem Viertel mit Flüssigkeit gefüllt werden. Ein Viertel sollte man leer lassen.

Wenn man in einer strengen Zurückziehung ist, sollte man von ein Uhr mittags bis zum nächsten Morgen nichts essen. Für die Konzentration ist das wirklich das Beste. Wenn man arbeitet, ist dies natürlich nicht möglich. Grüner oder schwarzer Tee sind in Ordnung. Kaffee allerdings ist für Meditation nicht gut, da man nach einem anfänglichen Energieschub wieder schläfrig wird. In einer strengen Zurückziehung kann man gegen fünf Uhr morgens aufstehen, bis gegen zehn Uhr abends meditieren und danach zu Bett gehen. Vor zehn Uhr abends schlafen zu gehen ist zu früh. Wenn man arbeitet und nicht in Zurückziehung ist, muss man die Einteilung natürlich dem eigenen Zeitbudget anpassen.

Habt ihr die Gelegenheit, eine Shine-Zurückziehung durchzuführen, wäre es das Beste, zunächst die Konzentration auf das Atmen zu schulen, und zwar so weit, dass ihr 21 000 Atemzyklen zählen könnt. Die vier anderen Übungen kann man dann jeweils drei Wochen lang praktizieren. Der große Meister Shantideva erklärt, dass die Meditation der Tiefen Einsicht (*lhagthong* oder *vipashyana*) sämtliche Trübungen *nur* auf der Grundlage einer stabilen Shine-Praxis beseitigen kann: »Hat man verstanden, dass die Meditation der höheren Sicht, die vollständig auf dem Verweilen-in-Ruhe beruht, Trübungen zur

Gänze beseitigt, strebt man zunächst nach dem Verweilen-in-Ruhe, das dadurch verwirklicht wird, dass man sich der Freiheit von weltlichen Begierden erfreut« (Bodhicaryavatara, VIII, 4).

An dieser Stelle möchte ich noch eine abschließende Shine-Meditation vorstellen, die Glück verheißende Shine-Praxis der Konzentration auf den Buddha:

> Stellt euch so deutlich wie möglich die Gestalt eines Buddha vor euch vor. Er sitzt auf einem Sitz, so kostbar, wie man ihn sich nur vorzustellen vermag. Hinter ihm ist der herrliche Bodhi-Baum. Der Buddha hat eine goldene, strahlende Körpererscheinung; er sieht euch mit grenzenloser Liebe und unendlichem Mitgefühl direkt an. Konzentriert euch sorgfältig auf jedes Detail seiner Erscheinung: seinen wunderschönen Blick, seine Augen, seinen Mund, sein Haar, seinen Oberkörper, seine Schultern, seine Arme und Beine und seine Körperhaltung. Konzentriert euch auf ihn und entwickelt tiefe Hingabe zu ihm. Habt ihr diese große Hingabe in euch hervorgebracht, verwandelt sich der Buddha in Licht, das in euch hineinfließt.

Diese Meditation ist in vielerlei Hinsicht nützlich. Unmittelbar hilft sie euch, die Konzentration zu schulen und euch direkt auf den Buddha auszurichten. Ein weiterer unmittelbarer Nutzen ist, dass diese Praxis jene Eindrücke in eurem Geist verstärkt, die bewirken, dass eure Meditation von eurer eigenen Weisheit geleitet werden wird. Der letztendliche Nutzen ist, dass ihr euch immer weiterentwickelt, bis ihr schließlich selbst ein vollkommener Buddha seid und zahllosen Lebewesen in unendlichem Ausmaß helft.

Shakyamuni Buddha

SCHULE DICH IN DEN ZWEI ARTEN VON BODHICITTA

2

Zweiter Punkt:
Schule dich in den zwei Arten von Bodhicitta.

DIE SCHLÜSSELUNTERWEISUNGEN FÜR ABSOLUTES BODHICITTA

Bei der eigentlichen Praxis des Geistestrainings geht es darum, Bodhicitta, die altruistische Absicht, in ihren zwei Aspekten zu entwickeln, dem relativen und dem absoluten. Während die Praxis des relativen Bodhicitta eine sehr wirksame Methode für das Aufbauen von Verdienst ist, entwickelt ihr durch das Üben von absolutem Bodhicitta eure Weisheit. Deshalb verbindet das Geistestraining die zwei Ansammlungen von Verdienst und Weisheit, die einander ergänzen und fördern.

Es mag gefühlsmäßig zwar ungeeignet scheinen, mit dem absoluten Bodhicitta zu beginnen, dies ist jedoch notwendig, damit man relatives Bodhicitta richtig entwickeln kann. Ist man nämlich nicht in der Weisheit der Leerheit verankert, kommt es leicht vor, dass man die Methoden, die dem Entwickeln des relativen Bodhicitta dienen, als reale Vorgänge erlebt. Haltet ihr nämlich euch selbst, die anderen und das, was sich dazwischen ereignet, für etwas Reales, kann sogar die Übung des Entwickelns von liebender Güte eine Ursache für Leid und Sorgen werden. Und genau deshalb beginnen wir mit dem absoluten Bodhicitta.

Absolutes Bodhicitta ist Weisheit, ein vollkommenes Verständnis der wahren Natur des Geistes und aller Gegebenheiten. Es wird durch zwei Schritte entwickelt, wobei der erste darin besteht, sich ein analytisches Verständnis von Leerheit anzueignen. Darauf aufbauend wird man später mit Hilfe der Meditation der höheren Sicht eine direkte Erfahrung der leeren Natur aller Gegebenheiten erlangen.

Untersuche die ungeborene Natur des Geistes.

Zwar ist es nützlich, jene Werkzeuge analytischer Meditation zu kennen, mit deren Hilfe man die Leerheit der äußeren Dinge begreift, der Kernpunkt der Praxis ist es jedoch, die Natur des Geistes direkt zu erfahren. Da diese durch analytische Meditation allein nicht erfahren werden kann und dafür eine direkte Erfahrung erforderlich ist, stellt dies auch die größte Herausforderung für das Verständnis dar.

Jedoch kann analytische Meditation als Annäherung an die Natur des Geistes genützt werden. Für jemanden, der Erfahrungen in der Shine-Meditation und einen sehr stabilen Geisteszustand erlangt hat, ist dies sehr leicht durchführbar.

Als erste Schritte habt ihr bereits alles, seien dies Objekte, Formen, Erfahrungen usw. analysiert und bestimmt, dass sie nichts anderes sind als der Geist, der sie erlebt. Überlegt euch jetzt Folgendes: Gibt es keinen Geist, dann können Gestalt, Farbe, Form, Ton, Geruch, Geschmack, Tastempfindung und Gefühl nicht existieren. Gibt es keinen Geist, gibt es somit auch keine Dinge. Nichts kann für sich – ohne einen Geist – existieren: Töne sind nicht an sich harmonisch oder misstönend, Geschmack ist nicht an sich süß oder bitter, Formen sind nicht als solche schön oder abstoßend. Außerdem gibt es ohne funktionierendes Sinnesbewusstsein kein Phänomen, d. h. nichts, das erlebt wird. Ein Ton, zum Beispiel, existiert nicht für sich allein. Ohne ein Hörbewusstsein davon gibt es den Ton nicht. Alles, was wir wahrnehmen und erleben, ist nicht mehr und nicht weniger als das Heranreifen von geistigen Gewohnheitstendenzen, genauso wie in einem Traum. All dies kann mit analytischer Meditation und der Meditation des Verweilens in der Natur des Geistes bestimmt werden. Wir beginnen zunächst mit der analytischen Meditation.

Versucht einmal, objektiv die Natur eures Geistes, wie er sich in der Zeit fortsetzt, zu verstehen. Ihr werdet feststellen, dass es unmöglich ist, ihn zu lokalisieren. Da ist zunächst einmal die Vergangenheit. Da sie nicht mehr existiert, gibt es dort auch keinen Geist mehr. Die Zukunft muss erst zum Entstehen kommen, also ist er dort auch nicht auffindbar. Es gibt daher nur den gegenwärtigen Moment, und dieser ändert sich ständig. Der Geist an sich ist augenblicklich, er ereignet sich als aufeinanderfolgende Momente, die jeweils zum Ende kommen, wenn der nächste entsteht. Der Geist ist eigentlich ein Fluss von Momenten. Analysiert dann jeden Moment: Wie existiert er? Wo sind in eben diesem Moment die Formen, die ihr seht, die Geräusche, die ihr hört, die Gerüche, die ihr riecht, die Geschmacksarten, die ihr schmeckt und die Tastempfindungen, die ihr spürt? Erlebt ihr in eben diesem Moment Freude, Leid oder neutrale Gefühle? Wo sind diese Gefühle – sind sie im Geist oder in den Objekten lokalisiert? Wo ist der Geist? Wo sind die Objekte? Denkt z. B. an euer Lieblingslied. Wo ist der Gesang – ist er im Radio? In eurem Ohr? In eurem Geist? Wo ereignet sich das Lied? Ist es wirklich da, und zwar außerhalb von euch, wofür braucht es dann euren Geist? Ist das Lied wirklich in eurem Geist vorhanden, wofür braucht es dann das Lied? Sucht in eurem Geist danach: Ist das Lied in jedem Moment des Geistes da? Entsteht das ganze Lied aus jedem einzelnen Geistmoment und gehört es jeweils zu diesem? Wie entsteht es dort, wie besteht es dort und wie verschwindet es von dort wieder? Könnt ihr das Lied in einem einzelnen Geistmoment nicht finden, wie kann es dann im Geistkontinuum als Ganzes vorhanden sein? Analysiert dann die Freude, die ihr erlebt, wenn ihr diesem Lied zuhört. Bringt in euch dieses freudvolle Gefühl hervor. Wo ist es? Ist es im Lied? Oder ist es in eurem Geist? Es ergibt keinen Sinn zu sagen, dass die Freude in einem Lied ist, da dies bedeuten würde, dass euer erlebender Geist nicht da zu sein bräuchte, damit diese Freude aufkommt. Wäre dem so, dann würde in einem Insekt, welches das Lied hört, die gleiche Freude wie in euch aufkommen. Es ergibt auch keinen Sinn, zu sagen, dass ihr die Freude unabhängig vom Lied in eurem Geist erlebt – wieso wäre dann eure Freude mit dem Lied verbunden? Wäre dem nämlich so, dann müsstet ihr die Freude des Lieds auch ohne dieses erleben. Es ist offensichtlich, dass die Freude weder im Lied noch im Geist konkret vorhanden ist.

Wären Glücksgefühle und Leid in jedem Moment des Geistes vorhanden, bräuchte man keine Formen, Gerüche, Klänge usw. Wären sie hingegen im Geist, dann hätte der Geist sie ja und bräuchte für dieses Erleben nichts anderes.

Bringt dann in euch ein Gefühl von Traurigkeit hervor und analysiert es genau so. Woher kommt es? Wie entsteht, besteht und vergeht es? Ihr könnt auch mit einer feinen Schmerzempfindung experimentieren. Nehmt eine kleine Nadel und pikst euch ganz leicht, ohne die Haut anzustechen. Untersucht das Gefühl, das dabei entsteht. Wo entsteht es? In der Nadel? In eurer Haut? In eurem Geist? Ihr werdet feststellen, dass ihr bei diesem Prozess ständig euren eigenen Geist analysiert. Dies heißt Gewahrsein.

Wendet ihr dieses analytische Gewahrsein auf Objekte an, werdet ihr dadurch nicht nur die Objekte unmittelbar erleben, sondern die eigentliche Natur des Geistes, die frei ist von Entstehen, Bestehen und Vergehen. Sie ist weder eines noch vieles. Sie ist frei von Benennungen und Erscheinungen. Ihr werdet begreifen, dass der Geist natürlicherweise leer ist. Erlebt ihr diese Leerheit, werdet ihr ebenso verstehen, dass auch sie im Geist nicht vorhanden ist. Die Natur des Geistes ist jenseits aller Begrifflichkeit. Habt ihr diese Stufe mit Hilfe der Untersuchungen erreicht, verweilt einfach in der Erfahrung, die sich daraus ergibt. Betrachtet einfach mühelos das Erleben des Geistes, ohne euch irgendeine Gestalt, Farbe oder sonst irgendetwas vorzustellen. Kommt ein Gedanke auf, untersucht gleichzeitig mit dessen Entstehen seine Natur. Ihr braucht keine Hoffnungen oder Zweifel in Bezug auf den Gedanken zu haben, ihr braucht ihn weder aufzugreifen noch abzuwehren, noch ihm irgendwohin nachzufolgen. Analysiert ihn direkt und lasst ihn abklingen, einfach so. Es verhält sich so wie ein Blatt Papier, das zusammengerollt war und das sich, nachdem ihr es entrollt habt, natürlicherweise und mühelos wieder zusammenrollt. Geht ihr so vor, werdet ihr die stabile Erfahrung davon machen, dass die Natur des Geistes weder existent noch nicht-existent ist. Dabei gibt es nichts zu benennen oder zu identifizieren, weil sie immer schon da war. Der dualistische Geist ist zu einem Ende gekommen. Der ungeborene Geist ist die Natur eures Geistes, er ist die Natur des Geistes von jedem Lebewesen und er ist gleichermaßen die Natur des Geistes der Buddhas. Genauso wie der Raum, der ein Tal ausfüllt, der Gleiche ist wie der Raum, den der Himmel ausfüllt, ist die ungeborene Natur des Geistes bei jedem Wesen die Gleiche. Sie hat keinen Ursprung, sie hat keine Grundlage. Sie ist ungeboren, vergleichbar mit dem Weltall. Sieht man in die Weite des eigenen Geistes, gibt es dort nichts zu sehen, so ähnlich wie in der Weite des Weltraums. Habt ihr einmal einen kurzen Einblick darin gewonnen, dass der Geist fortlaufendes strahlendes Erkennen ist, könnt ihr die analytische Meditation beiseite lassen und euren Geist direkt in diesem Verständnis verweilen lassen.

Derzeit ist unser Erleben des Geistes von Unwissenheit verschleiert, doch glücklicherweise ist diese Unwissenheit nichts, das dem Geist selbst innewohnt. Unwissenheit ist nicht die Natur des Geistes. Die dem Geist eigene Qualität ist vielmehr Weisheit. Wäre der Geist grundlegend unwissend, dann wäre es unmöglich, sich von dieser Unwissenheit zu befreien. Sogar der unwissende Geist kommt dann, wenn man ihn dazu bringt, über sich selbst nachzudenken, unweigerlich zu dem Schluss, dass an ihm tatsächlich nichts ist, das man als etwas Existentes ergreifen könnte. Mit dieser Einsicht löst sich grundlegende Unwissenheit natürlicherweise und spontan auf. Dies ist das Erwachen. So wie Wolken am Himmel auftauchen und verschwinden, ohne dass man sie sammeln und irgendwo aufbewahren müsste, und so wie sie die dem Himmel inhärente klare Natur niemals verändern, so braucht Unwissenheit weder bewusst gesammelt noch entfernt zu werden und sie beeinträchtigt, selbst wenn sie da ist, die Natur des Geistes nicht. Ein anderes nützliches Beispiel ist Dunkelheit. Was ist Dunkelheit? An sich ist sie ohne jegliche Substanz; sie besteht lediglich in dem Erleben, dass kein Licht auf das Auge trifft. Licht leuchtet und vertreibt zwar die Dunkelheit, aber eigentlich gibt es da nichts zu vertreiben. Die dem Geist eigene Weisheit bewirkt das Verschwinden von Unwissenheit genauso natürlich, wie Licht das Sehen ermöglicht.

Reinige dich von der stärksten negativen Emotion zuerst.

Negative Emotionen zählen nicht zu unseren Freunden. Daher trifft das folgende Bild den Kern der Sache, auch wenn es vielleicht etwas irritierend sein mag: Will man eine feindliche Armee mit so wenig Kampf wie möglich besiegen, ist die beste Strategie, den stärksten Kämpfer zu identifizieren und ihn als erstes auszuschalten. Ähnlich verhält es sich hier: Die meisten Menschen haben eine bestimmte negative Emotion, die stärker ist als alle anderen. Gelingt es einem, sich einmal von dieser zu reinigen, werden die anderen ihre Kraft verlieren und sich mit relativ wenig Gegenwehr zurückziehen.

Um die Kraft der negativen Emotionen untergraben zu können, muss man sie zunächst verstehen. Damit man etwas gut versteht, muss man es beobachten. Die beste Art, eine starke negative Emotion zu beobachten, ist, dies im kontrollierten Labor der Geistesruhe durchzuführen, mit einem Geist, der frei von Ablenkung ist. Nehmen wir Zorn als Beispiel. In eurer

Meditation lasst ihr den Geist zunächst eine Weile konzentriert in sich ruhen, in Klarheit und Leerheit. Dann bringt ihr in eurem Geist einen fürchterlichen Zorn hervor. Je stärker die Emotion, je stärker der Kontrast, umso mehr gibt es zu beobachten und umso besser funktioniert dies als Praxis. Es mag zwar ziemlich schwierig sein, aus einem tief in sich ruhenden Zustand derart negative Emotionen hervorzubringen, doch ihr könnt eure Vorstellungskraft dafür einsetzen, euch eine ärgerliche, euch zornig machende Situation auszudenken. Oder ihr nützt eure Erinnerung – denkt zurück an einen Moment, in dem ihr tief gekränkt, verletzt oder angegriffen worden seid. Ist der Zorn einmal da, solltet ihr seine Natur und seine Eigenschaften so objektiv wie möglich analytisch betrachten. Woher ist er gekommen? Hat er eine Gestalt? Wo hält er sich auf? Hat er irgendeine Substanz? Ihr werdet seine illusorische Qualität entdecken, und er wird sich von selbst zerstreuen. Hat er sich aufgelöst, ruht der Geist wieder in seinem natürlicherweise reinen Zustand. Ihr könnt diese Übung auf Begierde, Eifersucht und jede andere euch plagende Emotion anwenden. Lasst sie aufkommen, betrachtet sie und hebt sie wieder auf. Entwickelt ihr diese Gewohnheit und Fähigkeit, werdet ihr mit immer größerer Leichtigkeit die Natur von allem, was in eurem Geist entsteht, untersuchen können, was auch immer dies sein mag. Durch dieses Verständnis wird alles, was im Geist an Negativem aufkommt, von selbst wieder verschwinden.

Mit der Zeit werdet ihr auch deutlich wahrzunehmen beginnen, dass die Vielfalt an negativen Emotionen bzw. Geistestrübungen begrenzt ist. In den Abhidharma-Lehren ist die Rede von insgesamt dreißig Geistestrübungen, die in zehn Haupttrübungen und zwanzig Mischformen eingeteilt werden. Bei genauer Untersuchung wird man feststellen, dass jede einzelne der eigenen negativen Emotionen bzw. Geistestrübungen entweder zu der einen oder der anderen Kategorie zählt.

Die **zehn grundlegenden Trübungen** sind: (1) Unwissenheit (in Bezug auf die Lehren des Buddha), (2) Begierde, (3) Zorn, (4) Stolz, (5) Zweifel (in Bezug auf die Vier Edlen Wahrheiten), (6) der Glaube an eine Wesenheit entweder außerhalb oder innerhalb der fünf Ansammlungen[6], (7) extreme Sichtweisen in Bezug auf das Selbst oder die Ansammlungen (dass man diese entweder für etwas Ewiges oder aber für ein Nichts hält), (8) falsche Vorstellungen (dass man das, was wahr ist, für unwahr hält), (9) das Festhalten an der Überlegenheit der letzten drei Auffassungen und schließlich (10) der Glaube, dass eine falsche Disziplin oder asketische Praktiken zur Befreiung führen könnten.

Die **zwanzig zusätzlichen Trübungen** sind Mischformen dieser Haupttrübungen. Laut einem Kommentar von Mipham Rinpoche, einem großen Lama und Gelehrten des 19. Jahrhunderts, kann man sagen, dass sieben davon Mischformen der drei Geistesgifte – Unwissenheit, Zorn und Begierde – sind. Dies betrifft (1) Heuchelei, (2) Gewissenlosigkeit, (3) Schamlosigkeit, (4) Achtlosigkeit, (5) Vergesslichkeit, (6) Unaufmerksamkeit und (7) Ablenkung. Zwei sind Mischformen von Unwissenheit und Begierde, nämlich (8) Verstellung und (9) Verheimlichung. Zwei weitere gehören in die Kategorie der Unwissenheit, nämlich (10) mangelndes Vertrauen und (11) Teilnahmslosigkeit. Fünf weitere zählen zur Kategorie von Zorn, nämlich (12) Wut, (13) Groll, (14) Gehässigkeit, (15) Feindseligkeit und (16) Missgunst. Und zur Kategorie der Begierde zählen

6 Anm. der deutschen Übersetzerin: Die fünf körperlich-geistigen Daseinsgruppen, die eine Person ausmachen: Körper, Empfindungen, Unterscheidungen, Gestaltendes bzw. Formkräfte, Bewusstsein.

schließlich die übrigen vier, nämlich (17) Geiz, (18) Selbstherrlichkeit, (19) Bequemlichkeit und (20) Erregtheit. Dies beschreibt das ganze Spektrum möglicher unheilsamer geistiger Zustände.

Mit dem Heranreifen eurer Meditationspraxis werdet ihr die Gegenmittel gegen diese Emotionen immer natürlicher anwenden. Dazu folgendes Bild: Bei einem Schmied, der glühenden Stahl bearbeitet, fliegen die Funken, während er darauf einhämmert. Manche dieser Funken glühen am Boden kurz weiter, andere hingegen verlöschen noch, bevor sie überhaupt die Erde berühren. Eure negativen Emotionen sind wie diese Funken. Ihr müsst euren Geist schulen, damit selbst dann, wenn die »Funken« eurer Emotionen sprühen, sie einfach verschwinden, und zwar noch bevor sie den Boden berühren, d. h. noch bevor sie euch vereinnahmen.

Lass auch das Gegenmittel sich natürlicherweise in sich selbst befreien.

Letzten Endes existiert nicht einmal das Gegenmittel, denn wozu ein Gegengift, wenn es das Gift an sich nicht gibt?

Nehmen wir Feuer als Beispiel: Man kann ein Feuer dadurch entfachen, dass man zwei Holzstücke aneinander reibt. Haben diese einmal Feuer gefangen, verzehren die Flammen das Holz. Ist das Holz verbrannt, verschwindet auch das Feuer. Die beiden Holzstücke stehen für den Erleber, den Geist, und die erlebten Objekte, die auch der Geist sind. Das Aneinanderreiben der zwei Holzstücke steht für den dualistischen Ansatz, mit dem der Meditierende, d. h. der Erleber, nach seinem Geist, d. h. dem Erlebten, sucht. Die Flammen, die die beiden Hölzer verbrennen, stehen für die Erkenntnis der Leerheit, die beide – sowohl das Subjekt als auch das Objekt – als leer erkennt. Lodernde Weisheit, d. h. die Einsicht in Leerheit, das Gegenmittel, zerstreut sich von selbst, wenn ihr Treibstoff, das dualistische Trennen zwischen Subjekt und Objekt, verbraucht ist.

Dies zeigt uns, dass sich dann, wenn die wahre Natur der Phänomene einmal verstanden wurde, der wahrnehmende, analysierende Geist von selbst auflöst. Da der wahrnehmende Geist nicht unabhängig von den von ihm wahrgenommenen Objekten existieren kann, kommt er – ohne ein ihn bedingendes Objekt – von selbst zu einem Ende. Der Geist ist dann nicht länger in der Dualität zwischen Wahrnehmendem und Wahrgenommenem gefangen. Er hört auf, den Objekten der sechs Sinne nachzulaufen, seien dies Formen, Geräusche, Gerüche, Gedanken usw. Unwissenheit ist beseitigt, und damit ist auch das Gegenmittel gegen Unwissenheit natürlicherweise zu einem Ende gekommen.

Dies bedeutet nicht, dass Erfahrung einfach aufhört, nachdem die Weisheit der Leerheit sie verbrennt. Es ist nicht so, dass es dann plötzlich keine Objekte mehr in der Welt gibt. Vielmehr liegt der Unterschied darin, dass sich jetzt das, was der Geist bislang unter dem Einfluss des dualistischen Erfassens als Objekt erlebt hat, grundlegend verändert. Ist der Geist einmal von Dualität befreit, sind dies auch die Sinne, und somit ist die Wahrnehmung der Objekte frei von dualistischem Erfassen. Dies ist die Erfahrung eines befreiten Geistes.

Verweile im Wesen des Geistes, der Grundlage von allem.

Wenn der wahrnehmende Geist, sein Objekt (das Wahrgenommene) und das Gegenmittel gleichermaßen verschwunden sind, ist euer Geist nicht mehr von Dualität vereinnahmt. Frei von jeglichen Begriffen ist er jetzt unbegrenzt. Ihr könnt ganz einfach meditieren. Verweilt in diesem ungehinderten, ungeborenen Geist.

Anfangs muss dieser Zustand natürlich mit bewusster Wachsamkeit aufrechterhalten werden, und es wird vorkommen, dass plötzlich ein Gedanke im Geist aufblitzt, dann ein anderer und noch ein weiterer … Dies wird den meditativen Zustand unterbrechen. In einem solchen Fall solltet ihr – anstatt euch auf diese Gedanken als etwas Störendes auszurichten – die den Gedanken eigene Natur untersuchen. Sobald ihre leere Natur erfasst wird, wird der Geist natürlich und spontan in seinen Zustand der Ruhe zurückkehren. Dieser Vorgang wird mühelos werden, und allmählich geht jeder vorbeiziehende Gedanke, sobald er entsteht, nahtlos in die ungeborene Natur des Geistes über. In diesem nicht-dualistischen Zustand wird jeder Gedanke – anstatt als Unterbrechung oder Ablenkung empfunden zu werden – als spontane Manifestation der dem Geist zu eigenen Weisheit erlebt.

Der ungeborene Geist ist tatsächlich die Grundlage von allem. Habt ihr diesen einmal erlebt, wird sich eure Meditationspraxis verändern: Sie wird zum Verweilen in der direkten Erfahrung des Geistes. Mit dieser Meditation werdet ihr absolutes Bodhicitta entwickeln, die Weisheit des Geistes an sich.

Außerhalb der Meditation verstehe,
dass alle Dinge einem Trugbild gleichen.

Während der Meditation erlebt man die ungeborene Natur des Geistes. Außerhalb der Meditation sollte ein fortgeschrittener Meditierender die Manifestationen des Geistes – d.h. alle Gegebenheiten – als illusorisch erleben.

Eine nützliche und häufig verwendete Metapher für diese Art des Erlebens ist die Vorstellung eines Zauberkünstlers: Ein solcher Magier kann bewirken, dass seine Zuschauer viele Dinge, die nichts weiter als optische Täuschungen sind, als etwas Wirkliches sehen und erleben. Ein Zauberkünstler kann verschiedenste Hilfsmittel einsetzen, um z. B. einen Tiger erscheinen zu lassen, der für die Zuschauer ein echter Tiger ist und bei ihnen Angst, Erstaunen, ja sogar Anhaftung hervorrufen kann. Der Magier jedoch sieht seinen Tiger als das Produkt seiner Seile, des Spiegels, des Holzes usw., jener Dinge also, mit denen er die Illusion erzeugt hat. Auch der Magier sieht den Tiger, doch der Unterschied zwischen seiner Wahrnehmung des Tigers und jener der Zuschauer ist, dass der Zauberkünstler den Tiger nicht für real hält, und zwar nicht einen einzigen Augenblick lang. Natürlich besteht ein großer Unterschied zwischen einem realisierten Meditierenden und einem großen Magier, dennoch aber gibt es hier ein paar nützliche Parallelen. Der Meditierende hat – so wie der Zauberkünstler – die gleichen Sinneswahrnehmungen wie wir alle und dennoch erlebt er die Dinge anders: Dem realisierten Meditierenden ist nämlich die illusorische Natur von allem, was entsteht, ebenso vertraut und selbstverständlich, wie dem Zauberkünstler die illusorische Natur der von ihm geschaffenen Trugbilder.

Gib alle Hoffnung auf Resultate auf.

Meditation sollte nicht mit der Erwartung auf bestimmte Resultate praktiziert werden. Und stellen sich solche von selbst ein, sollten sie kein Objekt der Anhaftung werden. Die Meditationspraxis auf ein bestimmtes Ziel hin orientiert zu betreiben bzw. Resultate zu Objekten der Anhaftung werden zu lassen, ruiniert die Praxis selbst. Eure Meditation wird dann zu einer weiteren schlechten Gewohnheit, die zu keinem anhaltenden Resultat der Einsicht in die leere Natur des Geistes und der Phänomene führt.

Damit Meditation auch wirken kann, sollte sie nicht mit der Sorge praktiziert werden, ob man dafür qualifiziert ist, ob man Resultate erlangen wird oder ob sich die Praxis überhaupt lohnt. Ebenso wenig sollte man Erwartungen auf mögliche Erkenntnis, Resultate oder Erfahrungen haben. Meditation ist dann wirksam, wenn der Geist, der in Meditation versetzt wird, unbeschwert ist.

Man sollte auch nicht nach den Resultaten der Meditation greifen. Viele Dinge können geschehen, positive und negative. Vielleicht stellt sich eine Krankheit ein oder aber Freudvolles, Leid oder Klarheit, intensive gute Träume, intensive Albträume oder auch überhaupt keine Träume. Der springende Punkt ist, dass das Suchen nach Resultaten oder das Hängen an dem, was man für die Resultate der eigenen Praxis hält, ein zwanghaftes, irreführendes Verhalten ist. Es ist wesentlich, Erwartungen zu überwinden, damit die Praxis funktionieren kann.

DIE SCHLÜSSELUNTERWEISUNGEN ZUR SCHULUNG IN DER EINHEIT VON RELATIVEM UND ABSOLUTEM BODHICITTA

Praktiziere die zwei, das Geben und das Nehmen, abwechselnd.

Tonglen, das Geben und Nehmen, ist wirklich die Hauptpraxis des Geistestrainings. »Geben und Nehmen« bedeutet, dass ihr all euer Verdienst, euer Glück und eure Zufriedenheit anderen gebt und deren Leid auf euch nehmt. Diese sehr tiefgründige

Übung verbindet die Praxis des relativen Bodhicitta mit der Sichtweise des absoluten Bodhicitta. Deshalb versteht es sich von selbst, dass ihr durch das Üben dieser Meditation nicht an sämtlichen Beschwerden, die die Menschheit kennt, tatsächlich erkrankt bzw. den Gram, den Zorn oder den Schmerz anderer konkret erlebt. Das Geben und Nehmen sollte nicht in einer zu materialistischen Art praktiziert werden, und genau deshalb ist es wichtig, sich zunächst in der Sicht des absoluten Bodhicitta zu üben.

Ihr solltet daher zu Beginn immer jene richtige Anschauung entwickeln, wie sie in der vorangegangen Praxis gepflegt wurde. Ihr solltet verstehen, dass die Natur des Geistes ungeboren ist, dass Gegebenheiten leer sind. Ihr solltet verstehen, dass alles einer Luftspiegelung gleicht. Denkt dann an alle Wesen, daran, wie sie physisch und geistig leiden, weil sie Illusionen für etwas Wirkliches halten. Solange sich die Lebewesen mit der Illusion eines realen Selbst und eines realen Leids abmühen, kann ihnen euer Mitgefühl wirklich helfen, und dies auch dann, wenn ihr selbst darum wisst, dass alles leer ist. Lasst daher in euch kraftvolles Mitgefühl und kraftvolle Liebe allen Wesen gegenüber entstehen. Während von anderen dieses Mitgefühl und die Liebe einfach nur als Mitgefühl und Liebe erfahren werden, müsst ihr euch dabei die Sicht der Leerheit in Erinnerung rufen, wie ihr sie in der vorangegangenen Übung gepflegt habt, und begreifen, dass die Natur von Liebe und Mitgefühl nichts von der ungeborenen Natur des Geistes Getrenntes ist.

Hier können wir uns wieder die drei Aspekte jeder Handlung vor Augen führen, die zu Beginn erwähnt wurden und von denen wir uns reinigen sollten: der Handelnde, die Handlung und das Objekt. In diesem Fall hier seid ihr die handelnde Person, das Entwickeln von Liebe und Mitgefühl ist die Handlung und alle Lebewesen sind die Objekte. Alle drei sind illusorisch, doch solange die Objekte – d. h. die Lebewesen – die Welt dualistisch wahrnehmen, werden ihnen eure mitfühlenden Handlungen dennoch helfen. Solange Lebewesen Ich-Anhaften erleben, werden sie – ihrer eigenen Illusion entsprechend – viel Nutzen aus eurer Hilfe ziehen, und ihr Leid wird gelindert werden. Daher könnt ihr ihnen jetzt helfen, indem ihr kraftvoll von eurem nicht-emotionalen, nicht-anhaftenden, nicht-geborenen Mitgefühl Gebrauch macht. Ihr versteht die Illusion grundlegend und könnt sie damit beeinflussen – jetzt seid ihr der Magier.

Das von Anhaftung freie Mitgefühl ist die perfekte Ursache. Da ihr sowohl die Natur des ungeborenen Geistes als auch die Illusionen kennt, die die Wesen erleben, obwohl ihr Geist ungeboren ist, werdet ihr auch eine perfekte Wirkung herbeiführen können. Der Grund dafür liegt darin, dass die Lebewesen, solange sie an einem Ich anhaften, die Illusion von Leid erleben und genau daher ist für sie das Gegenteil von Leid auch wirklich, d. h. sie erleben ebenso die Illusion, dass ihnen geholfen wird. Solange sie die Illusion haben, dass sie Schaden erleiden können, haben sie auch die Illusion, dass ihnen geholfen werden kann, und sie können durch hilfreiche Menschen Glück erlangen. Daher könnt ihr auf der Grundlage dieser Illusion ein solcher Helfer sein. In echtem Mitgefühl und echter Liebe verankert, solltet ihr Wünsche für das Wohlergehen aller Lebewesen machen, so dass ausnahmslos ein jedes von ihnen eure Hilfe empfangen kann.

DIE PRAXIS DES TONGLEN

Verwendet den Atem, um dies umzusetzen.

Beim Ausatmen: »Möge mein gesamtes Mitgefühl und all meine Liebe, alles, was ich an Verdienst aufgebaut habe und all meine guten Wünsche ausnahmslos jedes Lebewesen erreichen und ihm Glück schenken«.

Beim Einatmen: »Möge ich alles Leid der Lebewesen, wie viel es auch sein mag, ohne jede Ausnahme auf mich nehmen«.

Das Ausatmen ist wie das Geben von Arznei; das Einatmen ist, als würde man Gift aus einer Wunde ziehen. Wie Licht dehnt sich der Atem überall hin aus. Dabei ist er unwirklich, so wie die Spiegelung der Sonne, die gleichermaßen in jedem Teich, jeder Pfütze und jedem Wassertropfen erscheint: Zwar strahlt sie gleichzeitig an all diesen Orten, sie ist jedoch nicht wirklich dort. Genauso dehnen sich euer Mitgefühl, eure Liebe und euer Verdienst in einem Moment überall hin aus und entfernen das Leid der Lebewesen.

Die eigentliche Grundlage für *Tonglen* ist daher die Einheit von relativem und absolutem Bodhicitta. Im Grunde vereint diese Übung zahlreiche Aspekte des Weges in sich: So wird durch sie die Einheit der zwei Ansammlungen von Verdienst und Weisheit ebenso vervollkommnet wie die Einheit von geschickten Methoden und Weisheit und die Einheit von Formkörper[7] und Wahrheitskörper[8]. D. h. diese Übung umfasst Grundlage, Weg und Frucht der gesamten Praxis: Die Grundlage ist die Einheit von relativem und absolutem Bodhicitta; der Weg ist sowohl die Einheit der zwei Ansammlungen von Verdienst und Weisheit als auch die Einheit von Methode und

7 Die Formkörper, Rupakaya im Sanskrit, sind der Nirmanakaya und der Sambhogakaya, die physische Form, die die Lebewesen als Buddha wahrnehmen.

8 Der Wahrheitskörper ist der Dharmakaya, d. h. die wahre Natur des erwachten Geistes und aller Phänomene.

Weisheit, und die Frucht, d. h. die Wirkung, sind der Form- und der Wahrheitskörper.

Diese Praxis, das Geben und Nehmen, ist wie eine sagenhafte Abkürzung. Alles ist darin enthalten. Traditionell wird der Weg eines Bodhisattva, d. h. von jemandem, der die altruistische Geisteshaltung von Bodhicitta in sich hervorgebracht hat, durch den Verlauf der sogenannten fünf Wege und zehn Stufen dargestellt. Die fünf Wege sind der Weg der Ansammlung, der Weg der Überleitung, der Weg des Sehens, der Weg des Übens und der Weg des Nicht-mehr-Lernens. Auf der Ebene des dritten Wegs, des Wegs des Sehens, erlangt der Praktizierende die erste Stufe, d. h. die erste Bhumi. Die zehn Stufen und fünf Wege führen schließlich zum vollkommenen Erwachtsein. Es ist wichtig zu wissen, dass jeder Aspekt der fünf Wege und der zehn Stufen – tatsächlich der gesamte Pfad des Erwachens – durch eben diese Praxis verwirklicht werden kann.[9]

Verbinde diese beiden mit dem Atem.

Wir kommen jetzt zur Anleitung für die eigentliche *Tonglen*-Meditation: Zuerst atmet ihr ein und nehmt dabei das gesamte unerträgliche Elend der Lebewesen, wo immer diese auch sein

9 Damit es wirklich effektiv ist, solltet ihr das *Tonglen* so viel wie möglich praktizieren und mit dem Üben der Bewusstheit der ungeborenen Natur des Geistes verbinden. Einem Meditierenden, der sich in Zurückziehung ganz der Praxis widmet, empfehle ich, abwechselnd je zwei Stunden die Bewusstheit der ungeborenen Natur des Geistes und das *Tonglen* zu praktizieren. Dazwischen kann man natürlich eine kurze Pause einlegen. Dieser Zyklus kann dann über den Tag verteilt noch ein oder zwei Mal wiederholt werden: Zwei Stunden Übung der ungeborenen Natur, zwei Stunden Geben und Nehmen. Diejenigen, die nicht in Zurückziehung sind, sollten proportional die gleiche Zeit auf jeden dieser Aspekte verwenden, obwohl die Zeit dann natürlich kürzer sein wird.

mögen, in euch auf. Mit dem Einatmen nehmt ihr damit all ihr Leid ebenso in euch auf, wie ihr negatives Karma und die Hauptursache für all das Elend. D. h. ihr befreit sie sowohl von Leid als auch von dessen Ursachen.

Beim Ausatmen denkt ihr euch, dass ihr den Lebewesen überall euer gesamtes gutes Karma, euer Glück und eure guten Lebensumstände gebt. Stellt euch vor, dass die Wesen all euer Verdienst und eure guten Umstände in sich aufnehmen.

Beim *Tonglen* visualisieren wir das Geben und Nehmen synchron mit dem Rhythmus des Ein- und Ausatmens. Während der Meditation folgt der Geist dem Ein- und Ausatmen. Es ist wie Shine-Meditation, allerdings mit dem Fokus auf Bodhicitta, auf die Geisteshaltung des Mitgefühls. Mit dem ausströmenden Atem gebt ihr den Wesen all euer Verdienst und euer Glück. Mit dem einströmenden Atem nehmt ihr ihr negatives Karma und ihr Leid in euch auf. Deshalb wird diese Meditation treffend »Geben und Nehmen« genannt.

Seid ihr einmal im Fluss des Gebens und Nehmens, dann ist es nicht nötig, dabei irgendetwas Bestimmtes zu fühlen. Fokussiert euch einfach auf die altruistische Einstellung von Bodhicitta: Nehmt alles Leid auf euch und gebt anderen all euer Glück. Atmet sanft und wendet das Geben und Nehmen so lange wie möglich an. Es ist gut, diese Übung in vielen kleinen Einheiten durchzuführen. Praktiziert kurze Zeit, hört dann auf, legt eine Pause ein, entspannt euch ein paar Momente und beginnt dann von Neuem. Übt euch also in vielen kurzen Sitzungen mit Pausen dazwischen. Macht euch keine Sorgen, wenn ihr bemerkt, dass ihr bei der eigentlichen Meditation abgelenkt seid. Seid einfach geistesgegenwärtig und geht mit eurem Fokus geduldig zur Bodhicitta-Haltung zurück.

Es ist wichtig, sich darüber im Klaren zu sein, dass beim Geben und Nehmen nichts Materielles ausgetauscht wird. Seid euch der Sichtweise des absoluten Bodhicitta gewahr. Die Annahme, die Dinge seien real, könnte nämlich zu einer gewissen Belastung für euren Geist führen. Auch deshalb ist sehr wichtig, alles als Trugbild zu betrachten.

Als solches ist das *Geistestraining in Sieben Punkten* eine siebenfache Übung in Bodhicitta, der altruistischen Geisteshaltung. Das Hauptziel ist daher, Bodhicitta zu entwickeln. Gleichzeitig wird der Geist darin geschult, sich zu konzentrieren: Durch Shine kommt euer Geist zur Ruhe, wodurch alle Störungen wegfallen. So werden Bodhicitta und das Verweilen in Ruhe gleichzeitig entwickelt.

Drei Objekte, drei Gifte, drei Wurzeln des Heilsamen.

Um den Lebewesen helfen zu können, ist es erforderlich, ihre Nöte, die Hauptursachen ihrer Nöte und deren Gegenmittel zu kennen.

Im Allgemeinen unterteilen wir das, was wir wahrnehmen, in drei Kategorien bzw. in drei Arten von Objekten. Aufgrund der Unwissenheit, die den Geist der Lebewesen kennzeichnet, werden Dinge mit einem schwerfälligen Geisteszustand, der nicht begreift, erlebt. Dies ist das grundlegende Merkmal des samsarischen Erlebens. Die Objekte der Wahrnehmung werden daher ohne ein genaues oder klares Verständnis erfasst und können in diesem Sinne als undeutliche Objekte bezeichnet werden. Unter diesen sogenannten undeutlichen Objekten erscheinen dem Wahrnehmenden manche als gut oder anziehend und andere als schlecht oder abstoßend. Insgesamt ergibt dies die drei Objektkategorien, wie sie von Lebewesen erlebt werden: unklar, anziehend und abstoßend.

Diese drei Objekttypen lösen in uns entsprechende emotionale Reaktionen aus. Wir empfinden Begehren für das, was wir für gut halten; wir haben Ablehnung dem gegenüber, was wir für etwas Schlechtes halten und sind ständig in einem unklaren, nicht genau erkennenden Bewusstseinszustand, der durch die Unwissenheit des Geistes bedingt ist. Aufgrund unserer vielen Begierden erleben wir sehr intensive Gefühle des Festhaltens an allem. Sogar Abneigung ist eine Form des Ergreifens: Betrachtet ihr diesen Vorgang, wird euch klar werden, dass Abneigung dem einen gegenüber impliziert, dass man an etwas anderem festhält.

Begierde und Abneigung sind so überwältigend, dass sie Unbehagen im Geist hervorrufen. Ebenso unangenehm ist Unwissenheit, der grundlegend unklare Geisteszustand.

Begierde, Abneigung und Unwissenheit machen die sogenannten drei Gifte im Geist aller Wesen aus. Sie als Gifte zu bezeichnen, ist aufgrund des schädlichen Einflusses, den sie auf den Geist haben, passend, denn sie bewirken in uns Unruhe, Unzufriedenheit und Unwohlsein. Außerdem lösen diese drei Gifte eine große Vielfalt an negativen Emotionen aus. Handelt ihr z. B. aus Abneigung oder Neid, bewirkt dies bei allen Beteiligten Leid, und zwar unmittelbar. Gleichzeitig bringt ihr dadurch Ursachen für weiteres negatives Karma hervor und damit für noch mehr Leid, das ihr selbst ebenso erleben werdet wie andere.

Im Wissen darum, dass alle Wesen die drei Objekte und die drei Gifte erleben, wünschen wir uns, sie zu heilen. Um ihnen zu helfen, wenden wir die Methoden des Geistestrainings bei uns selbst als Gegenmittel an, um die Gifte – sobald sie in uns auftauchen – aus unserem Geist zu beseitigen.

Taucht z. B. das Gift der Begierde auf, dann erkennt es als solches und wendet die prägnante Methode des *Lojong* an, um ihm entgegenzuwirken und es somit zu einer Wurzel des Heilsamen zu machen: »Möge ich in diesem meinem Leid der Begierde die Begierden aller Wesen in mich aufnehmen und sie dadurch von ihren Begierden befreien. Mögen alle Wesen von all jenen aufwühlenden Emotionen frei sein, die von Begierde ausgelöst werden, und mögen alle Wirkungen, die von negativem Karma, das aus Begierde entstanden ist, in mir statt in anderen zur Reife kommen«.

Wendet genau diese Methode des Annehmens auch immer dann an, wenn Abneigung oder Unwissenheit aufkommen. So werden die drei Objekte und die drei Gifte zu Wurzeln des Heilsamen. Festhalten wird in Loslassen umgewandelt. Abneigung wandelt sich in geistige Leichtigkeit bzw. Wohlbefinden. Unwissenheit wandelt sich in geistige Klarheit, man ist weder niedergeschlagen noch schläfrig, der Geist ist von einem frischen Gewahrsein erfüllt.

Das Geistestraining schult euch sowohl darin, Negativität von anderen in euch aufzunehmen als auch darin, anderen alles Gute und alle angenehmen Bedingungen zu geben. Letztendlich wünscht ihr, dass alle Lebewesen das Erwachen erlangen. In dieser Praxis strebt ihr daher danach, die drei Gifte eines Geistes des Ich-Anhaftens zu entfernen und jedem Wesen Loslassen, Wohlbefinden und geistige Klarheit zu geben. Ihr wünscht außerdem, dass unter diesen hervorragenden Bedingungen unzählige Tugenden Fuß fassen, heranwachsen und vollkommen werden mögen. Letztendlich werden die

Wesen dann die Bodhisattva-Stufen verwirklichen bzw. Befreiung von Samsara erlangen.

Schule dich im Verhalten mithilfe von Merksprüchen.

Schult euch in all euren Handlungen in den Punkten des Geistestrainings. Der Wurzeltext besteht aus kurzen Merksprüchen, damit man ihn leicht auswendig lernen kann. Ihr solltet euch diese Punkte einprägen und euch an ihre Bedeutung erinnern.

Versucht immer, die Haltung des Gebens und Nehmens hervorzubringen: Verlaufen die Dinge in eurem Leben gut, wünscht, dass alle guten Bedingungen und Wirkungen anderen zu Gute kommen mögen. Seid ihr verzweifelt, nehmt all das Leid der anderen auf euch und befreit sie völlig davon, bis hin zum winzigsten Erleben von Unwohlsein. Nehmt mit eurem eigenen Leid das gesamte Leid der anderen in euch auf.

Abschließende Bemerkungen zum Geben und Nehmen

Die Bedeutung der Praxis des Gebens und Nehmens kann einfach nicht überschätzt werden. Wer sich richtig und fleißig darin übt, kann die erste Bhumi in einer einzigen Lebenszeit erlangen.

WANDLE SCHWIERIGKEITEN IN DEN PFAD DES ERWACHENS UM

3

Dritter Punkt:
Wandle Schwierigkeiten in den Pfad des Erwachens um.

Es gibt sowohl allgemeine als auch besondere Anweisungen, um Schwierigkeiten in den Pfad des Erwachens umzuwandeln. Zunächst untersuchen wir hier die allgemeinen Anweisungen, auf die dann die drei besonderen Anweisungen folgen.

DIE ALLGEMEINEN SCHLÜSSELUNTERWEISUNGEN

*Sind die Welt und die Lebewesen von Negativität erfüllt,
wandle Schwierigkeiten in den Pfad des Erwachens um.*

Aufgrund ihres Ich-Anhaftens und ihrer negativen Handlungen sind die Wesen (und daher die Welt) von Negativität erfüllt.

Haltet euch vor Augen, dass mit dem Erleben von Leid negatives Karma zur Reife kommt und vorübergeht. Wie alles andere ist auch negatives Karma vergänglich – es wird allmählich von allein auslaufen. Da die Wirkungen eurer eigenen Handlungen immer bei euch selbst heranreifen, ist es besser, mit ihnen jetzt so gut wie möglich umzugehen und dadurch mit ihnen abgeschlossen zu haben.

Der Grund für die Besonderheit der *Lojong*-Methoden liegt darin, dass sie euch zeigen, wie ihr euer negatives Karma positiv nützen könnt. Ihr könnt die Methoden so einsetzen, dass ihr tatsächlich jeden unangenehmen Umstand in eine Gelegenheit für Dharma-Praxis umwandeln könnt.

Wie funktioniert das? Euer Leid verbindet euch mit dem Leiden der Lebewesen, da es euch klar macht, dass Leid universell ist. Wenn ihr leidet, könnt ihr euch dazu entschließen, alles Leid in euch aufzunehmen. Eure Motivation muss jedoch authentisch sein. Ist dies der Fall, werden widrige Bedingungen im Wesentlichen zu einer Methode, um gutes Karma oder Verdienst anzusammeln. Denkt daher: »Ich leide. Möge ich in meinem Leid das Leid der anderen auf mich nehmen und sie dadurch davon befreien«.

Dieser in relativem Bodhicitta verankerte Wunsch reinigt euch von eurem Karma und verringert gleichzeitig eure Abwehrhaltung in Bezug auf euer eigenes Leid.

1. Das Umwandeln von Schwierigkeiten in den Pfad des Erwachens mithilfe von relativem Bodhicitta

Mach den einen Fehler für alles Unglück verantwortlich.

Jedes Mal, wenn ihr unter negativen Umständen leidet oder Konflikte mit anderen habt, solltet ihr euch zuallererst klar machen, dass dies Auswirkungen eurer eigenen früheren negativen Handlungen sind. Erinnert euch daher an diesen Merkspruch: »Mach den *einen* Fehler für alles Unglück verantwortlich«. Dieser eine Fehler ist das Hängen am Ich, die Hauptursache für jede Art der Negativität. Es ist wichtig, sich diese Tatsache vor Augen zu halten. Mit dem Finger auf andere zu zeigen, löst normalerweise weitere negative Emotionen aus und fügt negatives Karma zu eurem Vorrat hinzu. Verschwendet daher keine Zeit damit, anderen die Schuld zu geben oder euch in die niemals enden wollenden Debatten darüber einzulassen, wer im Recht ist. Dies verstärkt nur euer Leid. Hört ihr auf, nach äußeren Ursachen für euer Leid zu suchen, werdet ihr mit weniger Besorgnis mit den Problemen umgehen können.

Seit anfangsloser Zeit nehmen samsarische Vorgänge den Geist der Lebewesen in Beschlag. Wir sind ununterbrochen wiedergeboren worden und dies sowohl in materiellen als auch in geistigen Körpern. Trotz der Tatsache, dass die Körper an sich unwirklich sind, haben sie unseren Geist ständig festgehalten. Daher erleben wir seit anfangsloser Zeit jene drei Arten des Leids, die in der Anleitung zur spezifischen Shine-Meditation gegen Zorn kurz dargestellt wurden.

Unser derzeitiger Geisteszustand ist nicht vollkommen. Es handelt sich dabei grundsätzlich um einen Zustand der Unwissenheit, bei dem wir uns der eigentlichen Natur unseres eigenen Geistes nicht gewahr sind und daher fälschlicherweise an der Annahme eines Selbst festhalten. Ein Bewusstsein, das an einem Selbst festhält, ist nun einmal von Leid erfüllt; dieses äußerst subtile Leid durchdringt den unwissenden Geist. In vielen Kommentaren ist es lediglich vage als ein subtiles Leid erklärt, das alles durchdringt. Dies wurde dahingehend falsch interpretiert, dass damit gemeint sei, das subtile Leid durchdringe alle Objekte – dass also z. B. auch die Tassen und Teller in eurer Küche davon durchdrungen seien. Auf der Grundlage meiner eigenen Untersuchungen über diese Art von Leid bin ich zu dem Schluss gekommen, dass das, was vom subtilen Leid durchdrungen ist, jeder Moment des Geiststroms ist. Da jeder Geistmoment dieses Leid enthält, ist auch jede Gegebenheit, die wahrgenommen wird, jeder Gedanke, jedes Gefühl gleichermaßen davon durchdrungen. Ein Geist, der nicht gezähmt und nicht zur Ruhe gebracht wurde, ist in seinem Erleben keinen einzigen Moment frei von diesem durchdringenden Leid. Dies ist besonders den in Shine-Meditation hoch verwirklichten Wesen in den formhaften und formlosen Bereichen klar. Sie können nämlich das Leid, das den ungezähmten und unruhigen Geist der Lebewesen im Begierdebereich – wie z. B. den unseren – vollständig durchdringt, genau beobachten.

Ist man einmal zu einem Bodhisattva geworden, wird einem deutlich, dass der Geist der Wesen aller drei Bereiche offensichtlich ungezähmt und unruhig ist. Der große Gelehrte Tsongkhapa erklärte, dass dieses alles durchdringende Leid die eigentliche Grundlage für die anderen beiden Arten von Leid ist. Schließlich leidet ein tatsächlich gezähmter und friedvoller

Geist nicht unter der Illusion, dass er ein Selbst sei. Wer sollte denn bei einem Geist, der frei vom durchdringenden subtilen Leid ist, noch leiden? Wer sollte dies empfinden?[10] Im Tengyur, der heiligen Sammlung von Kommentaren zu den Worten des Buddha, heißt es, dass allgemeine Lebewesen das subtile, durchdringende Leid nicht als Leid erkennen. Es heißt, sie empfinden es gerade so wie sie ein Haar auf ihrer Handfläche spüren würden. Bodhisattvas hingegen sind sich des subtilen, durchdringenden Leids so genau bewusst, wie sie ein Haar in ihrem Auge spüren würden. Im *Abhisamayalankara Prajnaparamita Upadesha Shastra* wird die tiefgründige Bedeutung der ersten Edlen Wahrheit in vier Punkten dargestellt: Leidhaftigkeit, Vergänglichkeit, Nicht-Selbst und Leerheit. Wer die subtile, durchdringende Leidhaftigkeit wirklich wahrnehmen kann, ist nur noch wenige Schritte vom vollen Verständnis der anderen drei Punkte entfernt.

Gleichzeitig erleben wir etwas Glück, das mit Leid vermischt ist. Dieses Glück ist fesselnd und unser Geist hält daran fest, obwohl es unrein ist. Es ist nicht von Dauer. Tatsächlich verändert es sich die ganze Zeit. In dem Moment, in dem wir uns von jenem Glück getrennt fühlen, das wir gerne hätten, leiden wir. So bringt das grundlegende, subtile durchdringende Leid unfehlbar weiteres Leid für uns hervor. Dies ist die zweite Art des Leids.

In der Zwischenzeit handeln wir in unserem schonungslosen Streben nach Glück negativ, indem wir – um das zu erhalten,

10 Ich habe mir die Zeit genommen, eine Reihe verlässlicher Gelehrter zu Rate zu ziehen, und sie stimmen mit meinen Schlüssen überein. Ich bin mir dessen sicher, dass diese Erklärung lediglich die Lehren für die Schüler verdeutlicht und die Inhalte der Lehren nicht verändert. Sollte hierbei ein Fehler sein, ist es meiner.

was wir wollen – andere entweder ausnutzen oder sie wirklich verletzen. Wir schaffen damit Ursachen, die allmählich und unausweichlich zu negativen Wirkungen heranreifen und damit zur Erfahrung der Wiedergeburten in leidhaften Bereichen führen werden. Dies ist die dritte Art des Leids.

In einem Geist, der an einem Selbst festhält, wird ununterbrochen Leid erlebt, weil unsere selbstbezogenen Handlungen endlos sind. Der *eine* Fehler, um den es im Merkspruch geht, ist also das Hängen am Selbst.

Reflektiere darüber, wie viel du allen zu verdanken hast.

Wenn ihr für eine Weile vom Festhalten am Selbst zurücktretet und tief in euch geht, werdet ihr erkennen, dass da noch ein anderer Geist ist, der eine frische Haltung vermittelt, etwas, das der Ichbezogenheit genau entgegengesetzt ist. Es ist ein offener Geist, der die gewohnheitsmäßige Ichbezogenheit durch ein echtes Interesse am Wohlergehen anderer ersetzt. Dieser Geist der liebenden Güte ist die eigentliche Ursache dafür, dass ihr euch vom Festhalten am Ich lösen könnt.

Ein Geist, der entschlossen ist, anderen zu helfen, ist ein fruchtbarer Nährboden, in dem Tugenden in Hülle und Fülle wachsen. Tugend bezeichnet – in jedem Zusammenhang – das ehrlich Gute, frei von jeder Schädlichkeit. Etwas, das gut ist, bedeutet, dass es anderen nützlich und hilfreich ist, so sind z. B. liebende Güte, Freigebigkeit und Geduld überall auf der Welt als Tugenden anerkannt, die anderen helfen.

Der Grund dafür, dass wir allen Wesen gegenüber Dankbarkeit empfinden ist, dass sie uns niemals endende Gelegenheiten dafür bieten, diese Tugenden zu pflegen. Wir üben uns nicht nur darin, ihr Leid als unser eigenes anzunehmen, sondern wir bekommen in unseren tagtäglichen Begegnungen mit ihnen auch die kostbare Chance, unsere Tugenden praktisch anzuwenden: Verhalten sie sich in einer ichbezogenen Art, können wir Geduld, Güte und Freigebigkeit pflegen. Verhalten sie sich hingegen in einer tugendhaften Art, können wir uns darin üben, Mitfreude an ihrem positiven Verhalten zu entwickeln und uns wünschen, genauso selbstlos wie sie zu werden. In beiden Fällen verdanken wir unser erfolgreiches Training unseren Begegnungen mit allen Lebewesen und sind ihnen daher zu Dank verpflichtet. Da sie es uns ermöglichen, Tugenden zu pflegen, sind die Lebewesen die direkte Ursache für den vollkommenen Zustand der Erleuchtung. Sie sind die unmittelbare Bedingung für unseren Ausbruch aus Samsara. Wir sollten ihnen also wirklich äußerst dankbar sein. Denkt darüber nach, dass diejenigen, die euch scheinbar Schaden zufügen, euch eigentlich nicht wirklich schädigen. Sie helfen euch zu sehen, dass die eigentliche Ursache für Schaden ihr selbst seid, euer eigenes Ego. Ohne Ego gibt es auch keinen Schaden. Dies sind die Unterweisungen, um den Pfad des Erwachens zu betreten, indem man Schwierigkeiten mit relativem Bodhicitta umwandelt.

Ich möchte hier noch hinzufügen, dass ein Geist, der von Tugend erfüllt ist, die hervorragende Ernte der Bodhisattva-Bhumis einholen wird. Die zehn Bhumis sind außergewöhnliche Ebenen der geistigen Realisation. Sie zu verwirklichen bedeutet, tatsächlich frei von Samsara zu werden und den Buddha-Zustand zu erlangen.

2. Das Umwandeln von Schwierigkeiten in den Pfad des Erwachens mithilfe von absolutem Bodhicitta

Übe dich darin, dass die trügerischen Erscheinungen die vier Kayas sind.
Leerheit ist der unübertreffliche Schutz.

»Trügerische Erscheinungen« bezieht sich auf die Tatsache, dass all das Leiden und die Hindernisse, die erlebt werden, Illusion sind, die trügerische Aktivität eines dualistischen Geistes. Untersucht ihr die negativen Dinge, die sich ereignen, genau, werdet ihr deutlich sehen, dass sie alle wie ein Traum sind. Nutzt bei allen Erfahrungen, die ihr als etwas Schlechtes erlebt, die euch bekannten Techniken zur Untersuchung der leeren Natur aller Phänomene und richtet euer Gewahrsein unmittelbar darauf. Ihr werdet entdecken, dass diese sogenannten schlechten Erfahrungen die nützlichsten sind, um die ungeborene Natur des Geistes zu erkennen. Genauso wie ein kleines Feuer schnell einen riesigen Heuhaufen in Brand setzen kann, wird ein negatives Gefühl oder eine negative Erfahrung – wenn sie untersucht wird – euch effizient und schnell dazu verhelfen, die ungeborene Natur von allem zu verstehen. Ein wirklich guter Praktizierender des Geistestrainings, der in tiefer Meditation ist, wird sogar in einem Plagegeist einen erstklassigen Helfer finden. Solche Plagegeister können Dinge tun wie euch stoßen, eure Namen rufen und euch Unbehagen oder Übelkeit verursachen. Kurz gesagt, bewirken sie viele Störungen. Wenn das geschieht, wendet eure gesamte Geschicklichkeit in der Analyse an und richtet euer Gewahrsein auf die Erfahrungen. Ihr werdet zweifelsohne zu dem Schluss kommen, dass alles, was erfahren wird, nichts als Geist ist. Nach einiger

Zeit werdet ihr absolutes Vertrauen darin gewinnen und einen völlig entspannten Geist haben. Damit stellt sich die spontane Erkenntnis der ungeborenen Natur des Geistes ein. So kann jede Schwierigkeit auf dem Pfad des Erwachens genutzt werden, und mit dieser Erkenntnis werdet ihr ebenso sehen, dass tatsächlich jede Widrigkeit – wenn sie als ungeboren erkannt ist – die wahre Natur, der Dharmakaya, ist.

Der Dharmakaya ist einer der vier Körper oder Kayas des Buddha-Zustands. Diese vier Kayas sind die vier Arten, wie sich der Buddha-Zustand manifestiert. Sie können folgendermaßen beschrieben werden: Der Dharmakaya, d. h. der Körper der wahren Natur, ist die zeitlose, erwachte Weisheit eines Buddha, sein reiner Geist. Der Sambhogakaya, d. h. der Körper der erfüllenden Freude, ist die großartige Lichtform des Buddha-Zustands, die nur von hoch verwirklichten Praktizierenden wahrgenommen wird. Der Nirmanakaya, d. h. der Wunsch erfüllende Körper, ist der Körper eines Buddha aus Fleisch und Blut, den alle Lebewesen wahrnehmen können. Und der Svabhavikakaya, d. h. der Essenzkörper, ist die Gesamtheit dieser drei.

Denken wir an diese drei im Zusammenhang damit, wie sich das Erwachtsein als die Natur des Geistes manifestiert, können wir dieser Schilderung Folgendes hinzufügen: Der Dharmakaya, der Körper der wahren Natur, kann auch als die ungeborene Natur des Geistes verstanden werden; der Sambhogakaya, der Körper erfüllender Freude, als die ungehinderte Natur des Geistes; der Nirmanakaya, der Wunsch erfüllende Körper, als die nicht-verweilende Natur des Geistes, und der Svabhavikakaya als die Gesamtheit und Untrennbarkeit der ersten drei.

Untersucht man die Illusion der täuschenden Erscheinungen, wird einem klar, dass sie von der Natur des ungeborenen

Dharmakaya sind. Ihre Eigenschaft von Ungehindertheit zeigt, dass sie die Natur des Sambhogakaya haben. Außerdem sind die Illusionen nicht in den Vorgängen der dualistischen Wahrnehmung gefangen – diese Freiheit von Begrifflichkeiten zeigt ihre natürliche Flexibilität und damit die Qualität des Nirmanakaya. Und schließlich teilen die drei Kayas eine Natur; dies ist der Svabhavikakaya, dessen Natur Leerheit ist.

Wer fähig ist, in seiner Meditation die Erfahrung täuschender Erscheinungen als die vier Kayas zu erleben, steht unter dem Schutz der Leerheit. Tatsächlich ist Leerheit der unübertreffliche Schutz. Das beste Beispiel dafür ist Shakyamuni, als er unmittelbar vor seiner Erleuchtung unter dem Bodhi-Baum saß. Mara, der Versucher, war so entschlossen, Shakyamunis Erfolg zu verhindern, dass er ganze Armeen mobilisierte und versuchte, den physischen Körper des werdenden Buddha zu zerstören. Da Shakyamuni jedoch Leerheit in ihrer ganzen Tiefgründigkeit verstanden hatte, schützte ihn seine Einsicht, worauf Maras Pfeile vor ihm als ein harmloser Blumenregen zu Boden fielen. Natürlich war er damals fast ein Buddha, er war auf der zehnten Bodhisattva-Bhumi, und daher ist dies nicht mit der Situation eines allgemeinen Praktizierenden vergleichbar. Ziehen wir daher ein anderes Beispiel heran, eine Begebenheit aus Milarepas Leben, und zwar aus der Zeit, als er noch ziemlich am Anfang seines Weges stand. Eines Tages kehrte er, nachdem er Feuerholz gesammelt hatte, in seine Höhle zurück und fand fünf Dämonen mit runden, stechenden Augen vor, die dort auf ihn warteten. Zuerst wollte er sie beschwichtigen, brachte ihnen daher Opferungen dar und lobte sie in der Hoffnung, sie damit zufriedenzustellen, damit sie wieder verschwinden. Doch sie setzten ihre Attacken auf ihn fort. Dann rief er eine zornvolle Gottheit an, um sie zu besiegen, doch das machte sie nur noch wütender. Schließlich besann er sich auf die Kraft der Leerheit und meditierte eingehend auf deren Natur: »Ich habe bereits vollkommen erkannt, dass alle Lebewesen und alle Gegebenheiten mein eigener Geist sind. Der Geist an sich ist Leerheit. Wozu also all diese Bemühungen! Wie dumm bin ich, dass ich versuche, diese Dämonen und Unruhestifter physisch zu vertreiben!« Mit dieser Äußerung und Erkenntnis waren die Dämonen verschwunden. Milarepa musste hart daran arbeiten, das Gegenmittel der Leerheit anzuwenden, für den Buddha hingegen stellte es sich ganz spontan ein. Die Ursache war jedoch in beiden Fällen die gleiche: Es ist die Erkenntnis der Leerheit. Daher ist sie der höchste, unübertreffliche Schutz.

Die drei Sichtweisen sind wie ein himmelsgleicher Schatz, der unübertreffliche Schutz des Yoga.

Bei der Anwendung von Bodhicitta auf Schwierigkeiten solltet ihr drei Sichtweisen entwickeln und aufrechterhalten, die eure Perspektive tiefgreifend verändern und euch dazu befähigen werden, die Hindernisse der Hoffnung und des Zweifels zu durchtrennen. Diese drei Sichtweisen sind Frohsinn, Dankbarkeit und Reinheit.

Frohsinn: Schwierigkeiten, die zunächst schädlich zu sein scheinen, sind tatsächlich das genaue Gegenteil. Sie sind äußerst hilfreich. Hindernisse und Störungen sind im Grunde nichts anderes als ein wichtiger Wink dafür, dass ihr die zwei Arten von Bodhicitta nicht vervollkommnet habt. Freut euch daher über eine so deutliche Erinnerung an eure Bodhicitta-Praxis.

Dankbarkeit: Versteht, dass Unannehmlichkeiten uns warnen, nicht zu sehr entspannt zu sein, unser kostbares menschliches Leben nicht einfach für etwas Selbstverständliches zu halten. Wir sollten dieses kostbare Leben für das letztendliche Ziel des Erwachens nützen und unsere Zeit nicht mit anderen Dingen verschwenden. Missbrauchen wir die Gelegenheit, die wir jetzt haben, ist es möglich, dass wir uns Zeitalter hindurch in leidvollen Daseinsbereichen wiederfinden. So gesehen sind Widrigkeiten so gütig zu uns wie unsere Eltern. Daher könntet ihr so weit gehen, dass ihr beginnt, Schwierigkeiten zu mögen, denn sie halten euch davon ab, euer kostbares Leben als Mensch zu vergeuden.

Reinheit: Denkt darüber nach, dass ihr aufgrund der Hindernisse und des Schadens, der euch zugefügt wird, in eurer Meditation die großartigsten Resultate erzielen könnt. Daher ist diese Art von Schaden überhaupt nicht schädlich. Vielmehr enthält er ungewöhnliche Qualitäten und ist mit einer bitteren Arznei vergleichbar, die euch von einer Krankheit vollständig heilt. In diesem Sinne ist scheinbarer Schaden völlig rein, so rein wie die wirksamste Medizin.

Diese drei Sichtweisen aufrechtzuerhalten wird eure Praxis schützen und es euch ermöglichen, an allem, was sich ereignet, zu wachsen. Die drei Sichtweisen von Frohsinn, Dankbarkeit und Reinheit werden riesengroßes Verdienst bewirken und vermehren, genug, um eine Schatzkammer anzufüllen, die so unbegrenzt ist wie die Weite des Raums. Die Wirkung dieses gewaltigen Vorrats an Verdienst wird sein, dass ihr den Lebewesen zahllose Zeitalter hindurch spontan helfen werdet.

»Yoga« ist ein komplexes Wort mit vielen Bedeutungen. In diesem Zusammenhang ist es gut, sich anzusehen, wie dieser Begriff im Tibetischen verwendet wird. Das tibetische Wort für »Yoga« ist »naljor« (rnal 'byor). »Nal« steht für die ursprüngliche, erwachte Natur des Geistes, für den Dharmakaya oder die Natur der Wahrheit. »Jor« ist ein Verb und meint »erreichen, erlangen«. »Naljor« bedeutet daher, zur ursprünglichen Natur des Geistes zu gelangen.

Dieser Yoga ist deshalb ein Schutz, da jedes einzelne Hindernis auf eurem Weg, jede einzelne Art von Schaden, den ihr auf dem Pfad erleidet – soweit ihr die drei Sichtweisen anwendet – gleichzeitig bedeutet, dass Hindernisse und Schaden verschwinden. Somit entfernen Hindernisse und Schaden weitere Schwierigkeiten. Daher schützt euch die Anwendung der drei Sichtweisen vor allen Hindernissen.

3. Das Umwandeln von Schwierigkeiten in den Pfad des Erwachens mithilfe von spezifischen Übungen

Das Meistern der vier Übungen ist die höchste Methode.

Die vier edlen Übungen sind: Schafft die Ursache für Glück; gebt die Ursache für Leid auf; nützt den Schaden, den andere euch zufügen und bezieht die Unterstützung von positiven, kraftvollen nicht-menschlichen Lebewesen mit ein. Indem ihr diese Übungen einsetzt, werdet ihr schnell lernen, alle Erfahrungen ins Positive zu kehren.

Schafft die Ursache für Glück: Glück entsteht nur aus der richtigen Ursache, nämlich aus Verdienst, dem Ergebnis von Freigebigkeit und anderen heilsamen Handlungen. Wisst ihr zum Beispiel, dass ihr durch Freigebigkeit die Ursachen für Glück schafft, ermutigt euch dies, diese Qualität in allen Absichten, Handlungen und Wünschen zu leben. Wann immer euch etwas Gutes zufällt, teilt es mit anderen und gebt es ihnen. Wann immer ihr euch wünscht, dass euch etwas Gutes zukommen soll, wünscht anderen gleichzeitig dasselbe. Die

Wirkung davon wird sein, dass ihr unermesslich viel Verdienst und Glück in der Gegenwart und für die Zukunft ansammelt.

Gebt die Ursachen für Leid auf: Es gibt kein einziges Lebewesen, das leiden möchte. Die Ursache für Leid ist unheilsames Handeln in all seinen Formen. Lasst es daher einfach sein.

Unheilsames Handeln auf körperlicher Ebene: Nehmt Abstand von allen Handlungen, die andere schädigen, wie töten, direkt oder indirekt den Besitz anderer stehlen und sexuelles Fehlverhalten.

Unheilsames Verhalten auf verbaler Ebene: Nehmt Abstand von negativer Rede, wie lügen, verleumden, betrügen, manipulieren, schimpfen und Geschwätz.

Unheilsames Verhalten auf geistiger Ebene: Nehmt Abstand von negativen Geisteszuständen wie Neid, Boshaftigkeit und falsche Sichtweisen.

Nutzt den Schaden, den andere euch zufügen: Mit »andere« sind in diesem Fall Geister und nicht-menschliche Wesen gemeint, die euch Störungen und Hindernisse verursachen können. Bereitet ein geeignetes Festmahl, das den von Gier erfüllten Illusionen der Millionen von Geistern entspricht. Vervielfältigt geistig eure Opferungen so weit wie möglich und opfert sie dann den Geistern: »Mit der vereinten Kraft meines relativen und absoluten Bodhicitta ermuntere ich euch alle, ihr Geister, liebende Güte und Hingabe zu den Drei Juwelen zu entwickeln. Genießt bitte dieses Festmahl. Möge euer Hunger gestillt und ihr von euren Gefühlen des Neids und der Eifersucht gereinigt werden. Ich bin auf dem Weg der edlen Dharma-Praxis. Bitte steuert zu meinem Erfolg bei, indem ihr mir entweder helft oder mich schädigt. Der Schaden, den ihr mir zufügt, wird mir helfen, meine Praxis der Geduld zu verwirklichen und wird bewirken, dass mein Mitgefühl für alle Lebewesen der niederen Bereiche noch größer wird. Außerdem bin ich für alle Hilfe und Unterstützung eurerseits in höchstem Maße dankbar.«

Bezieht die Unterstützung von positiven und kraftvollen nicht-menschlichen Lebewesen mit ein: Bereitet wieder ein herrliches Festmahl vor, diesmal als Opferung für die euch wohlgesonnenen nicht-menschlichen Wesen. Auch diese Opferung sollte ihren Illusionen entsprechen. Vervielfältigt die Opferungen in eurem Geist so gut wie möglich. Achtet darauf, dass ihr bei all diesen Schritten die Einstellung von Bodhicitta aufrechterhaltet: Euer Wunsch sollte sein, die Bedürfnisse aller anderen Wesen zu erfüllen. Wünscht euch, all diese nicht-menschlichen Wesen glücklich zu machen und bittet sie im Gegenzug darum, euch in der Dharma-Praxis zum Wohl aller Wesen zu unterstützen.

Verbinde, was immer gerade aufkommt,
mit deiner Übung.

Wendet die Methoden des Geistestrainings in jeder Lebenssituation an; sei es Gutes oder Schlechtes, ihr könnt es in jedem Fall für eure Praxis sinnvoll und nützlich machen.

Seid ihr glücklich und sorgenfrei und verlaufen die Dinge in eurem Leben reibungslos, solltet ihr euch dessen bewusst sein, dass dies das Heranreifen von gutem Karma aus eurer Vergangenheit ist. Genießt ihr dies einfach nur und greift ihr bloß nach so vielen Freuden wie möglich, wird sich euer gutes Karma bald erschöpfen. So wie Leid, geht auch Glück vorüber.

Daher solltet ihr, wann immer ihr glücklich seid, Bodhicitta in euch hervorbringen. Vergegenwärtigt euch, dass alle Lebewesen ebenso glücklich sein sollten: »Ich wünsche mir, den Lebewesen die gleichen guten Bedingungen zu geben, die ich selbst habe. Mögen auch sie glücklich sein.«

Durch diesen Wunsch und dadurch, dass man mit anderen tatsächlich teilt und ihnen gibt, vervielfältigt man die positiven Ursachen und das Verdienst. So wachsen die Ursachen für das Glück der Wesen überall immer weiter heran.

Setzt das *Lojong*-Training gleichermaßen angesichts jeder fürchterlichen Situation fort. Anstatt euch verloren zu fühlen, zornig oder ängstlich zu sein, nützt Probleme dafür, *Tonglen*, das Geben und Nehmen, zu praktizieren. Bringt Bodhicitta hervor, wenn ihr selbst leidet. Nehmt das Unglück von jedem in euch auf. Konkret wandelt ihr eure Schwierigkeiten damit in eine kostbare Gelegenheit um, das Geistestraining zu schulen.

Viele Yogis, wie z. B. auch Milarepa, sangen oft, wenn sie glücklich waren: »Oh! Ich bin so glücklich; dies ist wunderbar. Es bedeutet, ich kann etwas geben. Möge all meine Freude zu allen Wesen gehen; mögen sie in deren Genuss kommen!«

Waren sie traurig, sangen sie: »Ach! Ich leide; dies ist wunderbar. Es bedeutet, ich kann etwas auf mich nehmen. Möge ich das Leid aller Wesen auf mich nehmen und sie vollständig davon befreien!«

Die Yogis wendeten die Methoden des Geistestrainings Tag und Nacht an und hatten daher keinerlei wie auch immer geartete Probleme. Mit dem Heranreifen eurer Praxis des Geistestrainings werdet ihr spüren, wie sich eure Freiheit immer weiter ausdehnt. Die üblichen Mauern der Begierde und der Ablehnung beginnen zusammenzubrechen. Was auch immer sich in eurem Leben ereignet, sei es gut oder schlecht, macht für euch keinen Unterschied mehr. Ihr werdet allem gegenüber offen sein, weil ihr es in den Pfad des Erwachens umkehren könnt.

BRINGE DAS GEISTESTRAINING IN DIESEM LEBEN ZUR ANWENDUNG

4

Vierter Punkt:
Bringe das Geistestraining in diesem Leben zur Anwendung.

Dieser vierte Punkt verdichtet die Schlüsselunterweisungen des Geistestrainings in die Praxis der fünf Kräfte für das Leben und der fünf Kräfte für den Tod.

Dies ist die Essenz der Unterweisungen:
Übe dich in den fünf Kräften.

Um das Geistestraining zu verstärken und euren Fortschritt darin zu beschleunigen, solltet ihr täglich die folgenden fünf Kräfte schulen und entwickeln:

Die Kraft des Entschlusses: Fasst den Entschluss, dass es euch von jetzt an ein Muss ist, Bodhicitta zu entwickeln und zu stärken. Ihr seid fest entschlossen, dass euer Bodhicitta niemals schwächer, sondern immer stärker werden soll. Ihr handelt, um anderen zu helfen, und ihr wollt Meditation praktizieren, um die Weisheit des absoluten Bodhicitta vollkommen zu entwickeln.

Die Kraft der Vertrautheit: Indem ihr euch ständig an die Anweisungen für das Geistestraining erinnert, macht ihr euch mit ihnen vertraut. Später werdet ihr sie natürlicherweise in eurem täglichen Leben anwenden. Euer *Lojong*-Training wird sich dann ziemlich spontan fortsetzen, und zwar nicht nur im Wachzustand, sondern auch im Schlaf während der Nacht. Dies ist mit der Kraft der Vertrautheit gemeint.

Die Kraft des heilsamen Samens: Bodhicitta ist der kraftvolle, heilsame Samen. Jede Handlung, die auf diesen Samen zurückgeht, ist sehr verdienstvoll – Freigebigkeit zum Beispiel.

Freigebigkeit bedeutet einfach, zu geben, zu schützen, Hilfe zu leisten und andere den Dharma zu lehren; all diese Handlungen sind Aspekte des Gebens. Wenn ihr alles mit anderen teilt, was gut und nützlich ist, werdet ihr schnell positives Verdienst ansammeln.

Verdienst ist wie der beste Dünger für ein Feld, und das, was in diesem Feld heranwächst, ist Bodhicitta. Das Verdienst von Bodhicitta vermehrt sich dann exponentiell und der positive Zyklus setzt sich fort.

Ist euer Verdienst groß, werdet ihr fähig, positive Aktivitäten zu verwirklichen, die euch vorher nicht möglich waren. Dann widmet ihr das daraus entstandene Verdienst wiederum, um anderen zu helfen. So wird sich euer Vorrat an Verdienst immer weiter vervielfältigen und eure positiven Aktivitäten werden immer mehr heranwachsen.

Von jetzt an solltet ihr nicht mehr zögern, anderen zu nützen. Jedes hilfreiche Verhalten ist der Mühe wert, auch wenn es nur eine winzige Handlung ist, wie z. B. kleine Vögel oder andere Tiere zu füttern. Ihr solltet soviel wie möglich teilen und andere ernsthaft unterstützen, und dies ohne Vorbehalte.

Die Kraft, das Ego aufzugeben: Das größte Hindernis für Bodhicitta ist das Hängen am Ich. Wo Ego ist, dort ist kein Bodhicitta. Das Ego ist die Quelle aller eigennützigen Handlungen und Gedanken. Es bringt nichts als negatives Karma hervor und zerstört euer gutes Karma.

Sobald das Ich-Anhaften auftaucht, erkennt es und wehrt es ab. Leistet während der zwölf Stunden des Tages und der Nacht dem Diktat des Ego beharrlich Widerstand. Damit ihr von eurem Ego nicht übermannt werdet, müsst ihr ständig wachsam bleiben. Mit der Zeit wird der standhafte Entschluss, das Ego zu ignorieren, zu eurer Natur werden.

Die Kraft der Wünsche: Macht für Wesen so viele hilfreiche Wünsche wie möglich. Widmet jedes Verdienst, wie klein es auch sein mag, indem ihr wünscht, dass die Wesen in guten Umständen und Bedingungen leben mögen.

Die Buddhas und Bodhisattvas sind unsere Vorbilder. Die unglaubliche Kraft der Buddhas, Wesen zu helfen, entspringt einer Ursache: Den Wünschen, die sie von jenem Moment an, in dem sie Bodhicitta entwickelt haben, bis zu ihrer Erleuchtung gemacht haben. Alle Wünsche kommen mit der Erleuchtung zur Reife, daher erfüllen sich jetzt auch die Wünsche, die die Buddhas für uns gemacht haben. Soweit zur Kraft der Wünsche.

Die Unterweisungen des Großen Fahrzeugs für den Tod umfassen fünf bestimmte Kräfte; dein Verhalten ist entscheidend.

Die Lehren, den Geist im Moment des Todes zu überführen, das Phowa, sind für fortgeschrittene Praktizierende geeignet, die einen bestimmten Grad an Kompetenz in ihrer Meditation erlangt haben. Die folgenden fünf kraftvollen Ursachen, die beim Sterben angewendet werden können, stellen jedoch die Essenz des Phowa dar.

Liegt man im Sterben, sollte man unbedingt diese fünf Ursachen anwenden. Sie werden euch im Bardo (dem Zwischenzustand zwischen Tod und Wiedergeburt) unterstützen. Außerdem solltet ihr den unten folgenden Ratschlag hinsichtlich der körperlichen Haltung für den Tod beherzigen.

Der kraftvolle weiße Samen: »Weiß« steht hier für positiv, und die einzige Wurzel für Positives ist Bodhicitta. Nehmt daher noch einmal das Bodhisattva-Gelübde, falls ihr irgendwelche der damit verbundenen Verpflichtungen verletzt haben solltet.

Gebt im Sterben alles Festhalten an Besitz, Beziehungen usw. auf. Vergewissert euch, dass ihr keinerlei Reue oder Kummer empfindet.

Um im Tod völlig frei von Sorgen und jeder Art von Anhaftung zu sein, müsst ihr euch entsprechend vorbereiten. Ihr solltet vorab ein Testament aufsetzen und klare Anweisungen hinsichtlich der Betreuung jener geben, die auf euch angewiesen sind. Versichert euch der Zustimmung von Menschen eures

Vertrauens, damit sie sich nach eurem Ableben um ihr Wohlergehen kümmern.

Was die Verteilung eures Besitzes angeht, solltet ihr im Einzelnen angeben, wie ihr ihn unter verschiedenen Personen oder Organisationen verteilt haben möchtet. Wesentlich ist es, diese Angelegenheiten im Voraus festzulegen, damit ihr zum Zeitpunkt des Sterbens geistig frei seid.

Wenn möglich, könnt ihr Spenden an zwei Arten von karitativen Einrichtungen geben: Solche, die temporäre Hilfe für schlechter gestellte Menschen in Form von Krankenhäusern, sozialen Diensten, Nahrungsmitteln und Unterkünften zur Verfügung stellen, und solche, die die letztendliche Hilfe des Dharma anbieten. Entscheidet euch dazu, eine oder beide der genannten Arten karitativer Einrichtungen zu unterstützen.

Es ist wichtig, dass ihr während des Sterbens an nichts hängt. Festhalten stört nämlich euren Geist. Das schlimmste Szenario wäre, dass ihr euch erst beim Sterben Gedanken darüber macht, wie ihr alles regeln wollt. Euer Geist wird dann bis in den Bardo hinein diesen Gedankengängen folgen, was schlimme Konsequenzen für euch haben kann.

Die kraftvollen Gebete: Das, was man beim Sterben im Geist hat, übt große Auswirkungen auf die Zeit danach aus. Ladet daher zu diesem Zeitpunkt alle Buddhas und Bodhisattvas vor euch ein und richtet Gebete an sie. Bezeugt aus der Tiefe eures Herzens allen großartigen Wesen gegenüber Respekt, den Buddhas, Bodhisattvas, Arhats und Pratyekabuddhas. Bittet um ihren Segen und ihre Unterstützung, damit sich eure Bestrebungen erfüllen. Eure Wünsche sollten alle darauf ausgerichtet sein, eine gute Wiedergeburt zu erlangen, in der ihr anderen Wesen sehr hilfreich sein könnt. Es ist empfehlenswert, die Samantabhadra-Wunschgebete sooft wie möglich zu rezitieren.

Die kraftvolle verbindende Ursache im Bardo: Die verbindende Ursache ist Bodhicitta in seinen beiden Aspekten, dem relativen und dem absoluten. Unmittelbar vor dem Tod sollte man sich Bodhicitta ganz hingeben. Haltet in eurem Geist gute Wünsche für die Lebewesen aufrecht und besinnt euch gleichzeitig auf die Weisheit des absoluten Bodhicitta. Versucht, euch von den Illusionen des Bardo nicht überwältigen zu lassen und wendet die Sicht an, dass alle Gegebenheiten Illusion sind.

Das kraftvolle Unterdrücken des Ego: Jeder negative Gedanke und jedes negative Gefühl, das mit Ichbezogenheit zu tun hat, sollte unterdrückt werden. Ihr solltet keinerlei Zweifel darüber hegen, dass das Ich-Anhaften nur negative Ursachen hervorbringt. Versucht, wenn möglich, die leere Natur des Selbst zu erkennen, die Sicht des absoluten Bodhicitta. Seid über nichts zornig, da Zorn Bodhicitta vertreibt. Verwickelt euch nicht in aufwühlende Emotionen.

Die kraftvolle Gewohnheit: Mitgefühl ist eine kraftvolle geistige Gewohnheit. Genauso, wie ihr euch während des Lebens darin geschult habt, es so gut wie möglich hervorzubringen, solltet ihr beim Sterben euer ganzes Mitgefühl für die Wesen aufbieten. Ruft euch das Gefühl der liebenden Güte zu ihnen ins Gedächtnis und lasst dieses Gefühl stärker werden. Lasst euch nicht verunsichern von dem, was geschieht und hofft auch nicht auf gute Resultate. Verweilt einfach in Bodhicitta.

Bodhicitta wird euren ganzen Geist segnen, und dieser Segen wird euch über euren Tod hinaus begleiten. Dort, im

Bardo, wird er euch in genau jene Richtung führen, die ihr euch wünscht. Dies ist die Art, wie man als Bodhisattva wiedergeboren wird. Sobald ihr wiedergeboren seid, wird sich euer Geist mit Bodhicitta verbinden und ihr werdet in diesem Leben anderen sehr hilfreich und nützlich sein können.

Die körperliche Haltung für den Tod: Die »eine Haltung« bezieht sich auf die Körperstellung, die für eine sterbende Person am günstigsten ist. Beim Sterben sollte euer Kopf nach Norden weisen. Ihr solltet auf der rechten Seite, mit einem Kissen unter dem Kopf liegen. Die rechte Handfläche sollte unter eurer Wange sein und die Beine, wenn möglich, ausgestreckt. Der linke Arm sollte auf eurer linken Seite ruhen. Seht euch Darstellungen des sogenannten »ruhenden Buddha« an und nehmt diese Körperhaltung ein.

DER MASSSTAB FÜR DIE ÜBUNG DES GEISTES

5 Fünfter Punkt: Der Maßstab für die Übung des Geistes

Dieser fünfte Punkt gibt euch den Maßstab, anhand dessen ihr den Fortschritt in der Praxis ablesen könnt. Der beste Beweis für eine erfolgreiche *Lojong*-Praxis ist, wenn ihr alles, was auch immer es sein mag, spontan nützen könnt, um das Ich-Anhaften zu verringern. Wenn sich dies natürlicherweise und mühelos einstellt, ist dies ein echtes Zeichen dafür, dass ihr die Wirkungen des *Lojong* erlangt habt oder, anders gesagt, dass das Geistestraining zu eurer Natur geworden ist. Zu dieser Zeit wird große Weisheit leuchten, spontan und natürlich, genauso wie die Sonnenstrahlen von der Dämmerung bis zur Mittagszeit immer stärker werden.

Aller Dharma dient einem einzigen Ziel.

Der Buddha lehrte den Dharma aus einem einzigen Grund: Damit man Ich-Anhaften verringert. Das Kriterium erfolgreicher *Lojong*-Praxis ist daher, dass ihr nicht mehr von Eigeninteressen vereinnahmt seid.

Praktizierende, die Lojong erfolgreich praktizieren, erleben Dinge anders als andere. Sie wissen natürlicherweise, ob das Ego dominant ist oder nicht, ob es anwächst, schwächer wird oder gleich bleibt. Für sie ist das Geistestraining zu einer Gewohnheit geworden, mit der sie ihr Ego in Schach halten. Sobald ein von Ich-Anhaften ausgelöstes Hindernis auftaucht, erkennen sie es als solches und folgen ihm nicht nach. Ein Nicht-Praktizierender kann sich diese Art der Bewusstheit überhaupt nicht vorstellen, geschweige denn versuchen, sein Ich-Anhaften in den Griff zu bekommen.

Erfolgreich Praktizierende haben wenig Sorgen, da sie frei von Ich-Anhaften sind. Sie fühlen sich wohl, sind friedvoll und mit sich selbst und anderen im Reinen. Während eure Praxis heranreift, werdet ihr diese befreienden Wirkungen selbst erleben und erkennen. Ihr braucht dafür keine Bestätigung von eurem Lehrer oder irgendeiner anderen Person.

Verlasse dich auf den Besseren der zwei Zeugen.

Wir sprechen im Allgemeinen von zwei Arten von Zeugen: man selbst und andere. Verlasst euch immer auf euch selbst als den Hauptzeugen. Ihr selbst wisst, ob ihr euch schult und euch an die Gelübde und Verpflichtungen haltet. Nur ihr kennt die Auswirkungen, die das Geistestraining auf euch hat und nur ihr wisst um euer eigenes Verhalten.

Die Methoden verankern euch in vollkommener Motivation, und das Training führt euch zu vollkommenem Verhalten. Handelt ihr daher natürlich und mühelos in einer korrekten Weise, bedeutet dies, dass eure Praxis erfolgreich ist. Ihr werdet kein Bedauern verspüren, sondern tatsächlich eine tiefe Befriedigung erleben.

Sei immer frohen Geistes.

Ein gutes Zeichen ist es, wenn ihr stets frohen Geistes seid. Sogar angesichts von Hindernissen seid ihr fähig, sie für eure Schulung zu nützen. Aufgrund des kraftvollen Verdienstes, das durch eure Praxis des Geistestrainings entstanden ist, stellt sich viel Freude in eurem Geist ein. Erlebt ihr dieses Resultat, solltet ihr weder allzu fasziniert sein noch besorgt, wenn die Freude wieder verschwindet. Ihr solltet euch darum überhaupt nicht kümmern. Haltet stattdessen einen klaren und stabilen Geist aufrecht, einen Zustand der Ausgeglichenheit, und allmählich werdet ihr immer frohen Geistes sein.

Gut trainiert bist du,
wenn du dich sogar bei Ablenkung schulen kannst.

Könnt ihr in jenen Momenten gelassen bleiben, in denen ein negativer Gedanke oder eine negative Störung auftritt und die Methoden, diese zu überwinden, natürlicherweise anwenden, ohne dass euch dies besondere Anstrengung kostet, dann seid ihr gut trainiert. Korrekturen erfolgen dann, dank eurer Fertigkeit in der Praxis, ziemlich automatisch. Sogar mitten in einer Krise könnt ihr gefasst bleiben und die gerade auftauchenden

Bedingungen für eure Übung nützen. Ihr seid wie ein geschulter Reiter, der auch bei Ablenkung nicht vom Pferd fällt.

Die Stabilität in eurer Praxis bedeutet jedoch nicht, dass ihr kein Ich-Anhaften mehr habt. Vielmehr bedeutet es, dass ihm entgegengewirkt wird, wann immer es auftaucht. Naropa sagte einmal zu Marpa: »Deine Praxis hat eine Ebene erreicht, auf der du [alles] in einem Augenblick in sich auflösen kannst, so wie eine eingerollte Schlange [sich in einem Moment entrollt].«

Entstehen die **fünf großartigen geistigen Qualitäten**, ist es offenkundig, dass ihr die Praxis vollendet habt:

Großartiges Bodhicitta: Die erste großartige geistige Qualität ist Bodhicitta. Ein intensiver und alles durchdringender Bodhicitta-Geist bewirkt das Gefühl vollständiger Zufriedenheit. Während ihr eure Schulung fortsetzt, ist eure Zufriedenheit so groß, dass ihr kein Begehren für irgendetwas anderes verspürt.

Großartige Zähmung: Euer Geist ist so gezähmt, dass ihr selbst den winzigsten Fehler, der negative Ursachen hervorbringt, bemerkt und ihn sofort korrigiert.

Großartige Konsequenz: Ihr seid überaus konsequent darin, negative Emotionen und Trübungen zu überwinden. Ohne irgendwelche Vorbehalte befasst ihr euch mit jedem negativen Geisteszustand. Anders gesagt, haltet ihr euer Geistestraining unter allen Umständen aufrecht.

Großartiges Verdienst: Beruht alles, was ihr tut, sagt oder denkt auf einer Absicht, nämlich jener, anderen zu nutzen, dann seid ihr eins mit der Dharma-Praxis. Während ihr eure tägliche

Praxis ausführt und euren Beschäftigungen nachgeht, sammelt sich dann gleichzeitig und laufend Verdienst an. Dies unterstützt wiederum direkt eure positiven Aktivitäten, was noch mehr Verdienst hervorbringt. So vermehrt sich großartiges Verdienst automatisch.

Großartiger Yoga: Der großartige Yoga (Praxis) ist absolutes Bodhicitta. Es ist der weite und tiefgründige Weisheitsgeist, der die Natur der Wirklichkeit enthüllt. Diese vollkommene Sicht zu haben und zu nähren, ist daher die Quintessenz der Dharma-Praxis.

Durch das Geistestraining werdet ihr diese fünf großartigen geistigen Qualitäten erlangen. Ihr müsst jedoch ernsthaft an deren Entwicklung arbeiten, da sie sich durch bloßes Wunschdenken nicht einstellen werden.

Entstehen diese fünf großartigen geistigen Qualitäten, beweist dies, dass die Essenz der Bodhisattva-Praxis zu eurer Natur geworden ist. Ihr werdet nichts Negatives mehr tun, so geringfügig es auch sein mag. Ihr habt euch im Griff, negative Emotionen können euch nicht ins Schwanken bringen. Ihr habt die verschiedenen Gegenmittel ziemlich automatisch parat, auch dann, wenn ihr ihnen nicht so viel Aufmerksamkeit schenkt. Da ihr die Gegenmittel anwendet, bleibt ihr ruhig und ausgeglichen. Ihr verbringt natürlicherweise eure Zeit hauptsächlich damit, für andere zu wirken oder euch in Richtung Erleuchtung zu entwickeln, was letztlich ebenfalls den Wesen zugute kommt.

Hier noch ein sehr wichtiger Punkt: Wahres Mitgefühl ist nicht emotional. Reife Praktizierende haben eine klare Sicht, die auf absolutem Bodhicitta beruht. Sie kennen bereits die Natur des Leidens an sich. Ihr Mitgefühl ist in Weisheit eingebettet und ist daher nicht mit Traurigkeit oder Emotionen verbunden. Ungestört und frei von Emotionen helfen Bodhisattvas anderen in einer vernünftigen und geeigneten Art und Weise.

DIE VERPFLICHTUNGEN DES GEISTESTRAININGS

6 Sechster Punkt: Die Verpflichtungen des Geistestrainings

Der sechste Punkt listet die fünfzehn Verpflichtungen des Geistestrainings auf. Mit Ausnahme des ersten Merkspruchs, der allgemeine Richtlinien enthält, legen die anderen jene Verhaltensweisen dar, die man im täglichen Leben vermeiden sollte, Fehler, die eure Bemühungen und den Fortschritt in der Praxis ruinieren.

Halte dich immer an die drei Grundsätze.

Die drei Grundsätze schützen dich vor Fehlern:

Haltet euch an eure Verpflichtungen und Gelübde: Diese umfassen die zwei unübertrefflichen Gelübde, nämlich das

Zufluchts- und das Bodhisattva-Gelübde, ebenso wie die Verpflichtungen des Geistestrainings. Überseht oder missachtet nicht einmal die geringfügigste Übertretung.

Seid nicht selbstgefällig: Um erfolgreich das Ich-Anhaften zu überwinden, solltet ihr darauf achten, kein überzogenes Selbstbild zu haben. Versucht weder herauszuragen noch direkt oder indirekt den Eindruck zu vermitteln, dass ihr anders oder etwas Besonderes seid.

Seid allem gegenüber gleichermaßen geduldig: Ihr solltet mit eurer Geduld nicht selektiv sein, indem ihr euch etwa dazu entscheidet, nur euren Freunden gegenüber geduldig zu sein, nicht aber euren Feinden gegenüber. Das wäre eine voreingenommene Geduld.

Verändere deine Geisteshaltung und bleibe natürlich.

Die normale Haltung der Wesen ist jene der Selbstsucht. »Verändere deine Geisteshaltung« bedeutet daher, dass ihr nicht selbstsüchtig sein solltet. Macht gleichzeitig kein Aufheben um eure Bemühungen, euch zu verändern. Ihr braucht die Art, wie ihr euch um andere kümmert, nicht für jederman sichtbar zur Schau stellen. Ihr solltet weder zeigen, wie ihr euch verändert habt, noch wie gut ihr darin seid. Das wäre nämlich die Art der Scharlatane.

Sprich nicht über die Schwächen anderer.

Macht euch mit eurer Rede nicht darüber lustig, was in euren Augen eine körperliche Schwäche oder Behinderung ist, hänselt niemanden deswegen und lenkt nicht die Aufmerksamkeit darauf.

Beschäftige dich nicht mit den Fehlern anderer, welcher Art sie auch sein mögen.

Am besten ist es, über die Stärken und die guten Qualitäten anderer nachzudenken. Befasst euch nicht mit ihren Unzulänglichkeiten. Anders gesagt, bildet euch keine Meinung über ihre Fehltritte.

Nimm keine giftige Nahrung zu dir.

Genauso wie Nahrung nicht giftig sein sollte, so sollte auch die Dharma-Praxis nicht kontaminiert sein. Schützt eure Praxis gegen Selbstsucht, die negative Emotionen hervorbringt. Überprüft euer inneres Programm, um alle eigennützigen Interessen herauszufiltern.

Richte dein hilfreiches Tun nicht nach erwiesenem Gefallen.

Diese Richtlinie kann auch kulturspezifisch verstanden werden, und zwar in Bezug auf das tibetische Volk zu Atishas Zeit. Vor allem unter den Adeligen herrschte damals die Tendenz, die Entscheidung, ob man anderen Gutes tut oder ihnen schadet, davon abhängig zu machen, wie sie einen in der Vergangenheit behandelt haben. Falls man von jemandem schlecht behandelt worden war, merkte man sich das und zahlte es ihm irgendwann in der Zukunft heim. Bei jemandem hingegen, der gut zu einem gewesen war, verhielt man sich dementsprechend.

Diese Verpflichtung soll sicherstellen, dass man anderen mit aufrichtigem Mitgefühl und aus echter Liebe hilft und nicht im Sinne einer Pflichterfüllung. Anderen Gutes zu tun, sollte nicht davon abhängen, wie gut oder schlecht der betreffende Mensch euch in der Vergangenheit behandelt hat.

Verwende nicht die Fehler anderer, um sie zu provozieren.

Versucht jemand, einen Streit oder Kampf dadurch zu provozieren, dass er euch entweder direkt mit aggressiven Worten oder Handlungen angreift oder indirekt mit Sarkasmus oder anderen Methoden, solltet ihr nicht genauso reagieren.

Liege nicht auf der Lauer.

Wartet nicht auf eine Gelegenheit, jenen, denen ihr grollt, einen Gegenschlag zu versetzen. Sinnt niemals auf Rache.

Ziele nicht auf den schmerzhaften Punkt.

Seid nicht gemein und macht anderen das Leben oder Situationen nicht schwer. Ihr solltet andere nicht quälen und nicht grausam sein.

Bürde die Last eines Ochsen nicht einer Kuh auf.

Überlastet niemanden und übt keinen unangemessenen Druck auf andere aus. Entzieht euch nicht eurer Verantwortung bzw. missbraucht eure Autorität nicht, indem ihr eure Arbeit oder Probleme direkt oder durch listige Manipulationen anderen zuschiebt.

Strebe nicht danach, der Beste zu sein.

Strebt nicht danach, zu gewinnen oder euch über andere zu erheben. Versucht nicht, auf Kosten anderer für euch selbst mehr herauszuholen.

Missbrauche das Gegenmittel nicht.

Missbraucht den Zweck der Dharma-Praxis nicht, hier konkret der Praxis des Geistestrainings. Das daraus entstehende Verdienst sollte ganz der Zukunft gewidmet werden. Das Verdienst sollte nicht dafür heranreifen, dass ihr hier und jetzt ein Leben in Luxus, Ruhm und Achtung genießt. Widmet vielmehr all euer Verdienst dafür, dass es euch darin unterstützt, in der Zukunft anderen zu helfen. Wünsche zum Beispiel für den eigenen zukünftigen Wohlstand und die eigene gute Gesundheit zu machen oder dafür, von schädlichen Geistern verschont zu sein, vergeudet das Verdienst.

Missbrauche Götter nicht für Übles.

In diesem Zusammenhang sind »Götter« eine Metapher für alles, was mit Religion zu tun hat. Überall in der Geschichte wurde Religion für persönliche Gewinne und Ambitionen verwendet. Auch heute setzt sich dieser Missbrauch fort. Menschen benützen Religion, um ihre Egos, ihre negativen Emotionen und ihren Stolz zu verstärken und bauschen sich dadurch auf, anstatt Bescheidenheit und Geduld zu entwickeln. Auf einer kleineren Ebene nutzen Menschen die Religion, um materielle Güter zu erwerben, auf einer größeren nutzen sie sie politisch, um ihre Führungspositionen abzusichern und die Bevölkerung in Schach zu halten.

Religion kann auch noch anders missbraucht werden. So können Gottheiten, die einem eigentlich helfen und einen befreien sollen, dafür missbraucht werden, anderen Schaden zuzufügen. Ruft man beispielsweise eine Schutzgottheit an, um einen Feind zu verfluchen, setzt man diese zornvolle Gottheit in einer negativen Art ein und kehrt sie somit in etwas Böses um. Ich möchte hier hinzufügen, dass es nicht darum geht, ob eine derartige Gottheit wirklich existiert oder nicht – es geht um die Absicht, die falsch und schädlich ist.

Sei für alle wie ein bescheidener Diener.

Dadurch, dass ihr das Geistestraining annehmt, gebt ihr Ziele auf, die ihr in der Vergangenheit vielleicht gehabt habt, so zum Beispiel berühmt und mächtig zu werden. Ihr solltet euch nicht so verhalten, als ob ihr jetzt etwas Besonderes und anderen überlegen wärt, schließlich habt ihr auch die Sicht aufgegeben, dass andere weniger wichtig wären als ihr selbst. Daher solltet ihr bescheiden sein, so wie der niedrigste Diener jedem anderen gegenüber.

Erfreue dich nicht am Leid anderer.

Wünscht einem Feind keinen Schaden oder den Tod. Wünscht euch auch nicht, vom Niedergang eines anderen zu profitieren; so solltet ihr zum Beispiel kein Tier zum Vergnügen jagen. Dieser Punkt umfasst auch den Wunsch, dass jemand sterben, verschwinden oder Schaden erleiden möge, damit man selbst materielle Güter erbt, einen bestimmten Status in der Gesellschaft erlangt oder in einer Organisation befördert wird.

Abschließende Bemerkungen:

Da ab jetzt euer einziges Ziel ist, Erleuchtung zum Wohl der Wesen zu erlangen, ist nichts anderes von Bedeutung. Ein echter Praktizierender gibt alles auf und hat in seinem Leben nichts zu tun, außer auf die Erleuchtung hinzuarbeiten. So hielten zum Beispiel die Menschen Milarepa während der vielen Jahre seiner Praxis für verrückt und sagten dies auch ständig. Milarepa kümmerte sich nicht darum, wozu auch? Wir alle sollten der beispielhaften Art, in der er sich ganz seinem Ziel verschrieben hat, nacheifern.

RATSCHLÄGE ZUM GEISTESTRAINING

7 Siebter Punkt: Ratschläge zum Geistestraining

Der siebte Punkt besteht aus zweiundzwanzig Anregungen, die die Praxis des Geistestrainings unterstützen und stärken sollen.

Praktiziere alle Yogas in einer Art.

Es gibt spezifische Yogas, d. h. Praktiken, für bestimmte alltägliche Handlungen: Essen, Schlafen, Gehen, Sitzen, sich Kleiden usw. All diese Yogas sind in einer einzigen wesentlichen Übung enthalten: Was immer ihr gerade tut, tut es mit dem Wunsch, dass es den Wesen helfen möge. Es ist ganz einfach. Geht ihr zum Beispiel eine Treppe hinauf, könnt ihr euch denken:

»Möge ich alle Wesen über diese Dharma-Stufen zur Erleuchtung führen«. Geht ihr in einem schönen Park spazieren, denkt euch: »Möge ich allen Wesen zum Nirvana, einem Zustand frei von Leid, verhelfen«.

Überwinde alle Hindernisse mit einer Methode.

Was immer euch an Schwierigkeiten begegnet, praktiziert *Tonglen,* das Geben und Nehmen. Denkt euch: »Mögen sich durch mein Problem die Hindernisse aller Wesen auflösen. Möge ich all ihre Schwierigkeiten auf mich nehmen, damit sie glücklich und frei von Hindernissen sind«.

Manchmal stellen sich bei fortgeschrittenen Praktizierenden kleine Hindernisse oder Schwierigkeiten ein, wie zum Beispiel eine kurz anhaltende Phase schlechter Gesundheit. Dies sind Zeichen dafür, dass sich negatives Karma löst, sozusagen eine Nebenwirkung richtiger Praxis. Die spezifische Art der Probleme hängt ganz vom Einzelnen ab. Falls es euch so gehen sollte, seid euch dessen gewiss, dass es ein gutes Zeichen ist. Wendet die Methoden weiterhin in Bezug auf die Hindernisse an. Wesentlich ist es, durch diese Probleme nicht aus der Bahn geworfen zu werden. Seid nicht darüber beunruhigt, dass sie sich bei euch einstellen.

Am Anfang und am Ende sind zwei Dinge zu tun.

Denkt euch morgens beim Aufwachen: »Ich werde den ganzen Tag hindurch ernsthaft das Geistestraining praktizieren.« Abends, vor dem Einschlafen solltet ihr denken: »Möge mein Geist, während ich schlafe, in der Praxis verankert sein.«

Da das Aufbauen von Verdienst ganz von eurer Motivation abhängt, sammelt es sich automatisch weiter an, sogar während des Schlafs.

Sei geduldig, was immer von den beiden auch eintritt.

Geduld ist eine überall anerkannte Tugend, daher solltet ihr immer geduldig sein. Es gibt grundsätzlich zwei Bedingungen, positive und negative. Zur Ersten: Seid dann, wenn ihr glücklich und sorgenfrei seid, geduldig und genießt es nicht zu sehr. Zur Zweiten: Wenn ihr bedrückt seid, solltet ihr weder Angst haben noch davon überwältigt sein. Seid geduldig und lernt, euch sowohl unter günstigen als auch unter ungünstigen Bedingungen zu mäßigen.

Wache über die zwei,
selbst wenn dein Leben auf dem Spiel steht.

Das erste der beiden bezieht sich auf die allgemeinen Gelübde und Verpflichtungen des Bodhisattva-Fahrzeugs, d.h. die Zufluchts- und Bodhisattva-Gelübde, das zweite auf das Wesen des Geistestrainings. Die beste Art, diese beiden zu schützen ist, keine der unter dem sechsten Punkt des Geistestrainings angeführten Übertretungen zu begehen. Unterschätzt die Wichtigkeit und den Wert dieser Anweisungen nicht. Schaut sie gelegentlich erneut durch, Punkt für Punkt.

Übe dich in den drei schwierigen Dingen.

Wenn wir uns mit negativen Emotionen auseinandersetzen, stoßen wir auf drei Schwierigkeiten.

Die erste besteht darin, die negative Emotion in ihrem ersten Aufkommen zu erkennen. Oft ist es schwierig, sie gleich zu bemerken. Dafür müsst ihr eure Aufmerksamkeit schärfen. Ansonsten nimmt die Emotion, deren Aufkommen euch entgangen ist, die Gestalt verschiedenster Gedanken und Gefühle an.

Die zweite Schwierigkeit ist, die Emotion zu bändigen. Dafür müsst ihr das geeignete Gegenmittel anwenden und dürft den emotionalen Wirkungen nicht nachfolgen.

Die dritte Schwierigkeit besteht darin, sicherzustellen, dass sich die Negativität nicht fortsetzt, d. h. dass sie nicht wieder auftritt. Dies bedeutet, dass man das Ich-Anhaften, die Wurzel aller Emotionen, allmählich ausmerzt. Um dieses Ziel zu erlangen, wendet jene Dharma-Methoden an, die darauf abzielen, Weisheit zu entwickeln.

Ihr solltet euch im Umgang mit allen dieser drei Schwierigkeiten üben. Die wichtigste unter diesen drei ist, zu versuchen, jede negative Emotion sobald ihr sie bemerkt, zu bändigen. Habt ihr einmal die Gewohnheit entwickelt, euren Geist unter Kontrolle zu haben, werden diese drei überhaupt keine Schwierigkeit mehr darstellen.

Halte dich an die drei Hauptursachen.

»Ursache« bezieht sich hier auf die Ursachen für ein erfolgreiches Geistestraining.

Die erste Hauptursache für den Erfolg beim *Lojong* oder in jeder anderen Dharma-Praxis ist ein qualifizierter spiritueller Lehrer, der euch unterrichten und anleiten kann.

Die Zweite besteht darin, dass ihr euch schult. Habt ihr einmal die richtigen Unterweisungen von einem qualifizierten

Lehrer erhalten, arbeitet hart daran, die Methoden zu beherrschen. Alle Dharma-Methoden zähmen den Geist. Obwohl die Menschen im Allgemeinen denken, dass ein Pferd von seinem Trainer geschult wird, ist es in Wahrheit das Pferd selbst, das lernt, sich zu beruhigen.

Die dritte Ursache umfasst all die Dinge und die Bedingungen, die erforderlich sind, um die Praxis zu stärken. So solltet ihr zum Beispiel über eine ausreichende Verpflegung, Unterkunft und weitere Lebensnotwendigkeiten verfügen.

Pflege die drei, ohne sie schwächer werden zu lassen.

Erstens darf euer Respekt für euren spirituellen Lehrer nicht nachlassen. Ein echter geistiger Lehrer hilft euch ernsthaft, Erleuchtung zu erlangen, ohne jeweils vom authentischen Dharma abzuweichen. Menschen, die vorgeben, Lehrer zu sein, während sie eigennützige Interessen und Ambitionen haben, sind lediglich Scharlatane.

Zweitens ist die Dharma-Praxis sehr wichtig, daher darf euer Eifer in der Übung nicht schwinden. Euer Enthusiasmus hängt wiederum davon ab, wie gut ihr die tiefgründige Bedeutung versteht, d. h. je tiefer euer Verständnis des Dharma ist, umso größer ist eure Wertschätzung für die Praxis und eure Bindung an sie.

Drittens dürfen eure Bemühungen, sich an die Gelübde und Regeln zu halten, nicht abnehmen. Seid nicht nachlässig in eurer Aufmerksamkeit in Bezug auf die Gefahren, eine Verfehlung des Geistestrainings zu begehen. Die Verpflichtungen, die ihr eingeht, schützen die Qualität eurer Praxis. Seid wachsam hinsichtlich eures Verhaltens, um jedes Gelübde zu halten, das ihr genommen habt.

Verbinde die drei untrennbar miteinander.

Wir sollten uns körperlich, verbal und geistig positiven und hilfreichen Aktivitäten widmen. Mit dem Körper solltet ihr Verbeugungen und andere Dharma-Praktiken ausführen, und zwar soviel wie möglich. Mit der Rede könnt ihr dadurch Positives tun, dass ihr Sutras rezitiert, Gebete wie das Samantabhadra-Wunschgebet[11] und grenzenlose Wünsche dafür macht, den Wesen zu helfen. Geistig könnt ihr euch immer in die grundlegende Motivation des Bodhicitta vertiefen.

Übe dich mit Unvoreingenommenheit.

Ihr solltet niemanden aufgrund seines Geschlechts, seiner Rasse, seines Herkunftslandes, seines gesellschaftlichen Status, seiner Anschauungen usw. diskriminieren. Genauso solltet ihr kein Vorurteil und keine Voreingenommenheit gegenüber irgendetwas haben. Wendet die Methoden des Geistestrainings gleichermaßen auf jeden und in allen Lebensumständen an.

Sei in deiner gesamten Übung umfassend und tiefgründig.

Übt sorgfältig, damit das Wesen des Geistestrainings in der Tiefe eures Geistes Wurzeln schlagen kann. Stellt es authentisch dar, in euren Gedanken, eurer Rede und euren Handlungen. Es genügt nicht, über die Unterweisungen des Geistestrainings nur zu reden, da dies niemandem nützlich ist.

11 Anm. der deutschen Übersetzerin: auch übersetzt als »Die Wege des Strebens nach dem Vollendeten Wirken der Edlen«.

Übe dich fortlaufend, in allen Situationen.

Normalerweise vermeiden die Menschen Schwierigkeiten. Für die Praxis des Geistestrainings solltet ihr jedoch alles, was ihr erlebt – auch problematische Situationen –, dafür nutzen, euch selbst zu schulen.

Mache dich nicht von äußeren Bedingungen abhängig.

Es ist nicht nötig, dass ihr euch auf irgendeine andere Methode als das Geistestraining stützt. Nutzt widrige Umstände, um euch zu schulen. Um das Geistestraining anzuwenden, ist es nicht nötig, dass die äußeren Bedingungen perfekt sind. Eure Bemühungen werden sich mit Sicherheit bezahlt machen, und eure Praxis wird schnell heranreifen.

Gib von jetzt an der Praxis den Vorrang.

Alle sieben Punkte des Geistestrainings treffen in diesem einen zusammen: Praktiziert jetzt. Wartet nicht auf die perfekte Zeit für eure Praxis. Trefft ihr auf schlechte Bedingungen, atmet ein und nehmt das Leid aller anderen in euch auf. Trefft ihr hingegen auf gute Bedingungen, atmet aus und schickt sie anderen. So einfach ist es.

Von all den Leben, die ihr gehabt habt, ist dieses jetzige das Allerwichtigste, weil ihr eine kostbare Geburt als Mensch erlangt habt. Verleiht ihr daher Bedeutung!

Von all den Möglichkeiten, die sich euch in diesem Leben auftun, ist jene, dem Dharma zu begegnen, die Großartigste. Vergeudet daher diese Gelegenheit jetzt nicht bzw. missbraucht sie nicht!

Von den zwei allgemeinen Dharma-Praktiken, den akademische Studien und der Meditationspraxis, widmet euch letzterer!

Von den vielen Praxismethoden ist *Lojong* die Allerwichtigste. Praktiziert daher das Geistestraining jetzt!

Verkehre die Dinge nicht.

Verkehre die heilsamen Dinge nicht:

Verkehrte Geduld: Ihr habt keine Geduld, um den bedeutungsvollen Dharma zu praktizieren, aber jede Menge Geduld bei Dingen, die euch in die niederen Bereiche hinabziehen.

Verkehrte Absicht: Jede Absicht und jeder Wunsch, der darauf abzielt, Genuss nur für dieses Leben zu erlangen, ist eine fehlgeleitete Absicht.

Verkehrtes Gefallen Finden: Erfreut ihr euch nicht daran, am Dharma festzuhalten und positive Ursachen aufzubauen, sondern findet ihr stattdessen Gefallen an unmoralischem Verhalten und Handlungen, ist dies ein verkehrtes Gefallen Finden.

Verkehrtes Bedauern:[12] Ein verkehrtes Bedauern ist dann der Fall, wenn euch Menschen, die den Dharma praktizieren oder anderen helfen, leid tun. Ihr empfindet Mitleid mit ihnen, weil ihr meint, dass sie im Leben etwas versäumen. Oder es tun euch jene Menschen leid, die ihr Geld für karitative Zwecke und

12 Das tibetische Wort, das hier als »Mitleid« bzw. »Bedauern« wiedergegeben wird, ist »nyingje« (snying rje), das in diesem Kontext »Bedauern« und nicht »Mitgefühl« bedeutet.

den Dharma ausgeben, anstatt für sich selbst. Ein gutes Beispiel für verkehrtes Bedauern finden wir in einer Begebenheit in Milarepas Leben. Als ihn seine Schwester fand, wie er da in der Einsamkeit einer Berghöhle – ohne Kleidung und Nahrung und ohne irgendeinen Schüler – meditierte, tat er ihr schrecklich leid und sie sagte ihm, er sähe nicht einmal mehr wie ein Mensch aus. Sie weinte, als sie die körperliche Verfassung ihres Bruders sah – eindeutig ein verkehrtes Bedauern.

Verkehrter Fokus: Wenn ihr die Menschen nur in dem anleitet, was lediglich von temporärem Nutzen für dieses Leben ist, anstatt im Dharma, der von letztendlichem Nutzen ist, ist dies ein verkehrter Fokus.

Verkehrtes Sich-Erfreuen: Ein verkehrtes Sich-Erfreuen ist dann der Fall, wenn ihr jemandem als Held Beifall spendet, der eigentlich in schädliche Handlungen verwickelt ist und negatives Karma ansammelt. Dies kann sich zum Beispiel dadurch äußern, dass ihr euch denkt: »Er ist so raffiniert … hat so viele Menschen betrogen und dadurch so viel Geld verdient!«

In diesem Zusammenhang wäre noch anzumerken, dass es bei dieser Darstellung um verkehrte Tugenden geht und nicht etwa um das Anwenden sogenannter geschickter Mittel durch Bodhisattvas, die zum Wohl anderer durchaus Methoden einsetzen können, die bei oberflächlicher Betrachtung manchmal als weltliche Verhaltensweisen oder sogar als unheilsames Handeln bewertet werden könnten. So manifestierte sich der Buddha einmal als großartiger Musiker, um den musikliebenden König einer Götterwelt zu lehren. Dadurch, dass sie gemeinsam musizierten, wurden der König und seine Untertanen für die Lehre zugänglich. In so einem Fall handelt es sich natürlich nicht um eine verkehrte Tugend.

Sei nicht inkonsequent.

Ihr solltet gleichmäßig und regelmäßig praktizieren. Vermeidet es, von einem Extrem ins andere zu fallen in dem Sinn, dass ihr manchmal viel praktiziert und dann wieder so gut wie gar nicht. Ermutigt euch regelmäßig selbst. Seid in eurer Praxis unerschütterlich, dann ist euch der Erfolg sicher. Ihr alle kennt die Geschichte der Schildkröte und des Hasen – seid wie die Schildkröte!

Übe dich ununterbrochen.

Schult euch ununterbrochen im Geistestraining, bis es zu eurer Natur geworden ist.

Befreie dich durch Untersuchen und Analyse.

Beim Analysieren beschäftigen wir uns gewissermaßen mit zwei Aspekten des Geistes: dem Geist als Betrachter und dem Geist als Betrachtetes. Untersucht zu Beginn euren eigenen Geist regelmäßig als eine Form der Selbstanalyse. Bestimmt, welche negativen Zustände in euch vorherrschen. Es ist wichtig, zu verstehen, dass ihre Auslöser in euch selbst sind. Vervollständigt die Analyse dadurch, dass ihr euch die geeigneten Gegenmittel, die ihr anwenden solltet, ins Bewusstsein ruft. Durch entsprechende Übung werdet ihr allmählich fähig werden, euch von den negativen Geisteszuständen zu befreien.

Ist eure Praxis stabil, werdet ihr die Trübungen allmählich spontan erkennen. Das geeignete Gegenmittel scheint dann automatisch mit dem Aufkommen der Negativität auf. Diese Qualität ist ein Zeichen für einen guten Fortschritt in der Praxis.

Strebe nicht nach Anerkennung.

Erwartet keine Belohnung, Anerkennung oder Wertschätzung von Menschen, denen ihr geholfen habt. Erwartet keine Gegenleistung für eure Hilfe. Ihr solltet euch auch nicht überall für das, was ihr getan habt, rühmen. Bodhisattvas erwarten keinerlei Anerkennung oder Belohnungen.

Sei nicht nachtragend.

Haltet nicht am Zorn fest, wenn ihr von Menschen gekränkt oder verletzt worden seid. Prägt euch das euch zugefügte Unrecht nicht mit Groll ein.

Ergänzender Kommentar: Dieser spezielle Ratschlag richtet sich vor allem an Tibeter, da in der tibetischen Kultur Kinder dazu angehalten werden, sich, als eine Art Selbstschutz, ihnen einmal zugefügtes Unrecht einzuprägen. Tibeter, die sich an jeden Schaden erinnern können, den sie erlitten haben, werden für ihre Stärke gelobt. Sogar Lamas, die in politischen Kreisen verkehren, haben diese negative Neigung. Es versteht sich von selbst, dass dies mit den buddhistischen Lehren überhaupt nicht vereinbar ist. Um diese kulturelle Konditionierung auszuräumen, betonen buddhistische Meister, wie wichtig es ist, nicht am Zorn festzuhalten und keinen Groll zu hegen.

Sei nicht launisch.

Der buddhistischen Ethik gemäß ist es ein Charakterfehler, sich »wie das Wetter« zu benehmen und zu leben. Unstete Menschen ändern ständig ihre Meinung und sind in ihren Verpflichtungen und Zielen nicht standhaft. Ihr Interesse für Dinge ist normalerweise kurzlebig. Solche Menschen gehen beispielsweise von Lehrer zu Lehrer oder wechseln ständig ihre Praxis. Sie sind unfähig dazu, sich lange genug hinzusetzen, um die Dinge genau zu erlernen, was sie zu armseligen Kandidaten für Dharma-Praxis macht.

Erwarte keinen Dank.

Was auch immer ihr im Dharma tut, erwartet von anderen kein Lob, keinen Dank, keine Belohnung und keine Anerkennung.

ABSCHLUSS DES GEISTESTRAININGS IN SIEBEN PUNKTEN

DIE ALS ERMUTIGUNG ANDERER VERFASSTEN WORTE DES AUTORS [CHEKAWA YESHE DORJE] ÜBER SEINE EIGENE GEWISSHEIT

»Aufgrund meines innigen Strebens habe ich, ungeachtet meines Leids und meines geringen Ansehens, nach den Unterweisungen gesucht und sie empfangen, um mein Festhalten am Ich zu besiegen. Selbst wenn ich in diesem Moment sterben würde, empfände ich keinerlei Reue.«

Ja Chekawa Yeshe Dorje, der Autor des Wurzeltextes des *Geistestrainings in Sieben Punkten*, schloss die Wurzelverse mit dieser einfachen und prägnanten Strophe ab. Die Tatsache, dass er keine Reue mehr empfand, zeigt, dass Chekawa Erleuchtung und tiefe Zufriedenheit erlangt hatte. Sein Verwirklichen des Bodhisattva-Zustands war wirklich eine außergewöhnliche Leistung. Er verdankte seinen Erfolg genau jenen Unterweisungen für das Geistestraining, nach denen er gesucht, die er empfangen und praktiziert hatte.

Chekawa fasste die kostbaren Unterweisungen und Verpflichtungen für uns und alle Lebewesen in Versen zusammen. Die Merksprüche umfassen eine tiefgründige Lehre, die die Kraft hat, jeden Praktizierenden, der sich ihr ganz verpflichtet, innerhalb eines Lebens zur Erleuchtung zu bringen, genauso, wie dies bei ihm der Fall war.

Se Chilbupa, einer von Chekawas Hauptschülern, schrieb diese in Merksprüchen formulierten Unterweisungen nieder. Als er damit fertig war, lud Chekawa zur Feier der Benennung dieser Lehren als *Geistestraining in Sieben Punkten* zum Tee. Seither hat sich dieses Geistestraining überallhin verbreitet und vielen großen Meistern genützt.

Chekawa verstarb im Alter von 75 Jahren im weiblichen Holz-Schaf-Jahr (1175 n. Chr.) an einem Ort namens Ja Ngurmo in Zentraltibet.

Dieses Geistestraining ist leicht zu erlernen. Es ist praktisch und enthält alle tiefgründigen Meditationsunterweisungen. Für einen jungen Menschen, der sich dazu entschieden hat, alle weltlichen Bestrebungen aufzugeben und sich die Zeit nimmt, in Zurückziehung zu praktizieren, wird dies äußerst nützlich sein.

Dieses Geistestraining ist tatsächlich völlig ausreichend, um Erleuchtung zu erlangen. Sogar dann, wenn ihr es einfach immer wieder nur lest, baut ihr dadurch, dass diese Unterweisungen in euren Geist einfließen, ein großes Vermögen für eure Pension auf!

Tatsache ist, dass der buddhistischen Sicht der Vergänglichkeit und Karma gemäß niemand weiß, wann er oder sie sterben wird. Es bleibt euch einfach nichts anderes übrig, als zu akzeptieren, dass es in dieser Welt nicht einfach ist, euren eigenen Wünschen entsprechend zu leben und all das zu tun, was ihr tun möchtet.

Es ist schwierig, die Zeit für viele Dinge zu finden, schließlich müssen wir, wenn wir jung sind, studieren und dann einen Beruf ergreifen, um uns selbst und unsere Familie zu ernähren. Wenn ihr euch jedoch mit diesen Lehren wirklich befasst und versucht, euren Geist zu schulen, ist dies wie die beste Zukunftsvorsorge.

Und jenen, die bereits im Ruhestand sind, lege ich die in diesem Buch enthaltenen Lehren und Übungen mit wärmsten Empfehlungen ans Herz: Nützt damit den Rest dieses kostbaren Lebens als Mensch in einer sinnvollen Weise. Ob ihr nun, wie Chekawa Yeshe Dorje, in diesem Leben Erleuchtung erlangt oder im nächsten oder in vielen – diese Praxis wird euch als erfolgreicher, von samsarischem Leid freier Bodhisattva durch so viele Lebenszeiten hindurch tragen, wie ihr braucht, um Erleuchtung zu erlangen.

Anhang

GLOSSAR

Arhat »Verehrungswürdiger« *(Sanskrit)*. Im Tibetischen dra chompa (sgra bcom pa) oder »Feindbesieger«. Die Feinde, die besiegt sind, sind die Geistestrübungen. Arhats bilden eine Gruppe von buddhistischen Heiligen; sie sind hoch verwirklichte Praktizierende und zählen zu den engsten Schülern des Buddha.

Avalokiteshvara *(Sanskrit)* Der Name des Bodhisattva des Mitgefühls. Er kann sich einerseits als Gottheit des Mitgefühls manifestieren, war aber andererseits auch ein Mönch, einer der Schüler des Buddha, als dieser in Rajagriha unterrichtete.

Bardo »Zwischenzustand« *(tibetisch)*. Im Allgemeinen bezieht sich der »Bardo« auf einen Zustand zwischen Tod und Wiedergeburt, auf die Erfahrungen des Geiststroms zu jener Zeit, in der ein Leben zu Ende gegangen ist und man zur nächsten Lebenszeit unterwegs ist.

Bhumi »Ebene, Stufe, Boden« *(Sanskrit)*. Es handelt sich um einen technischen Begriff in Zusammenhang mit dem Bodhisattva-Weg. Hier werden zehn Bhumis unterschieden, die jeweils eine bestimmte Ebene der Errungenschaften darstellen; nach der zehnten Bhumi erfolgt der Übergang in das vollkommene Erwachtsein. Die zehn Bhumis sind: die Freudvolle, die Makellose, die Leuchtende, die Strahlende, die Unbesiegbare, die Manifeste, die Weit-Gelangte, die Unerschütterliche, die Vollendete Weisheit und die Dharma-Wolke.

Bodhi »Erwachtsein, Erleuchtung« *(Sanskrit)*.

Bodhicitta »Erwachte Geisteshaltung« *(Sanskrit)*. Die altruistische Geisteshaltung mit dem Streben nach dem eigenen Erwachen, um anderen effizient dabei zu helfen, ihr Leid zu verringern und das Erwachtsein zu erlangen.

Bodhisattva »Erwachtes Wesen« *(Sanskrit)*. Ein Bodhisattva ist jemand, der sich dem Erlangen des Erwachens widmet, um anderen zu helfen. Jede Handlung eines Bodhisattva wurzelt in altruistischer Geisteshaltung (Bodhicitta).

Dharma *(Sanskrit)* Dharma lässt sich nicht wörtlich übersetzen. Hier bedeutet es im Allgemeinen die Lehre des Buddha (z. B. wie in: »ich nehme Zuflucht zum Dharma«). Es heißt, das Wort »Dharma« habe acht Bedeutungen: das Wissen, der Weg, die Erleuchtung, die verdienstvollen Handlungen, das Leben, die Lehre, die Weissagung und religiöse Schule.

Dharmakaya *Siehe* Kaya.

Großes Fahrzeug *Siehe* Mahayana.

Karma »Handlung« *(Sanskrit)*. Karma steht kurz für »karman phalam«, d. h. »Handlung und Wirkung« und bezieht sich auf die tiefgründige Wahrheit von Ursachen und ihren Wirkungen.

Kaya Wörtlich »Körper« *(Sanskrit)*. Es heißt, es gäbe vier Körper (kayas) des Buddha-Zustands, wobei jeder einen verschiedenen Aspekt des Erwachtseins zum Ausdruck bringt.

Der Dharmakaya, oder der »Körper der Wahrheitsnatur«, ist die zugrunde liegende wahre Natur alle Gegebenheiten; er ist vollkommen immateriell.

Der Sambhogakaya, oder der Körper erfüllender Freude, ist eine sehr subtile Form, die nur von hoch Realisierten wahrnehmbar ist; es handelt sich dabei um einen vollkommenen Körper, der alle Zeichen der Vollendung hat und dessen Wirkungsweise darin besteht, jenen Wesen, die ihn wahrnehmen können, Freude und Erfüllung zu bringen. Der Sambhogakaya ist der Lehrer der Bodhisattvas ab der achten Bhumi.

Der Nirmanakaya, oder der Wunsch erfüllende Körper, ist der physische Körper, wie ein historischer Buddha ihn annimmt. Er manifestiert sich durch die Kraft des Mitgefühls eines Buddha, wird von allgemeinen Lebewesen als allgemeines Lebewesen wahrgenommen und unterliegt der Geburt, dem Zerfall und dem Tod genauso wie jeder andere materielle Körper.

Der Svabhavikakaya, oder Essenzkörper, ist die Gesamtheit der ersten drei.

Lhagtong »Meditation der höheren Sicht« *(tibetisch)*. Vipashyana in Sanskrit. »Lhag« bedeutet »besonders« und »tong« ist das Erfassen. Es geht um das Erleben der höchsten, natürlichen Qualität des Geistes.

Mahabodhisattva *Siehe* Bodhisattva.

Mahayana »Großes Fahrzeug« *(Sanskrit)*. Das Mahayana ist eine spezifische Form des Buddhismus, in der die Praxis der geschickten Methoden (mit dem Mittel des großen Mitgefühls) angewandt und Weisheit entwickelt wird, die die Leerheit des Ich und aller Gegebenheiten erfasst.

Nirmanakaya *Siehe* Kaya.

Nirvana »Aufgehört-Haben« *(Sanskrit)*. Das Aufgehört-Haben jeder Unwissenheit und aller Trübungen, das Ziel buddhistischer Praxis.

Pratyekabuddha »Sich-allein-Verwirklichende« *(Sanskrit)*. Pratyekabuddhas sind jene Wesen, die Erleuchtung in menschlicher Form erlangt haben, allerdings in einer Zeit, in der kein Buddha lebt. In ihrem letzten Leben, bevor sie zu Pratyekabuddhas werden, haben sie keinen Lehrer: Sie erlangen Erleuchtung dadurch, dass sie ihrer Errungenschaften aus früheren Leben gewahr werden. Tatsächlich war hundert Äonen vor ihrer Erleuchtung ein Buddha ihr Lehrer; dann haben sie hundert Zeitalter hindurch Verdienst angesammelt, indem sie den Lebewesen geholfen haben. Sie helfen den Wesen dadurch, dass sie mit ihren eigenen Errungenschaften ein Beispiel für sie sind.

Sambhogakaya *Siehe* Kaya.

Samsara »Kreislauf der Wiedergeburten« *(Sanskrit)*. Samsara ist der endlose Zyklus von Wiedergeburten, der von Leid und Täuschung gekennzeichnet ist. Lebewesen werden durch die Kraft ihres Karma von einem Leben in das nächste katapultiert und sind sich dabei weder der Ursachen für ihr eigenes Leid noch ihres Potenzials, diesem zu entkommen, bewusst.

Shakyamuni »Weiser der Shakyas« *(Sanskrit)*. »Shakya« war der Klan-Name des Prinzen

Siddhartha. Als er das Erwachtsein verwirklichte und somit zum Buddha wurde, wurde er als Shakyamuni bekannt, d. h. der Weise der Shakyas.

Shamatha »In-Ruhe-Verweilen« *(Sanskrit)*. »Shine« im Tibetischen. Eine Art von Meditation, die der Buddha seine Schüler lehrte, damit sie einen ruhigen und friedlichen Geist erlangen können.

Shine *Siehe* Shamatha.

Sutra »Lehrrede« *(Sanskrit)*. Sämtliche von Buddha Shakyamuni selbst gelehrten Lehren. Sie enthalten die wesentlichen Lehren des Buddhismus.

Svabhavikakaya *Siehe* Kaya.

Tantra »Kontinuität« *(Sanskrit)*. Tantra benennt die Kontinuität des jedem Lebewesen innewohnenden erwachten Potenzials. Die Lehren des Tantra fokussieren sich darauf, wie man den eigenen Körper, die Rede und den Geist als Körper, Rede und Geist der Gottheit erlebt. Es ist dies eine spezifische Methode, um Erleuchtung zu erlangen.

Tonglen »Geben und Nehmen« *(tibetisch)*. Die tiefgründige Meditation, bei der man anderen die eigenen Vorzüge gibt und all ihr Leid auf sich nimmt.

Vipashyana *Siehe* Lhagtong.

Yoga »Vereinigung« *(Sanskrit)*. »Naljor« im Tibetischen. Yoga bezieht sich auf jede Übung, die den Geist mit seiner inhärenten Weisheit vereint. »Nal« steht für die ursprüngliche, erwachte Natur des Geistes, für den Dharmakaya oder die wahre Natur. »Jor« ist ein Verb, das »erreichen, erlangen« heißt. »Naljor« bedeutet daher, zur ursprünglichen Natur des Geistes zu gelangen.

BIBLIOGRAFIE

(dies ist eine Liste der von Shamar Rinpoche bzw. Laura Braitstein im Buch genannten Werke)

- Chang, Garma C.C., Übers., The Hundred Thousand Songs of Milarepa. Boston: Shambhala, 1962.

- Jinpa, Thupten, Übers., Mind Training: the Great Collection. Somerville: Wisdom Publications, 2006.

  Einige der in dieser Sammlung enthaltenen Texte finden sich als Übersetzung aus dem Tibetischen ins Deutsche in dem Buch: Lodjong. Der große Weg des Erwachens. Grundlagentexte des Mahayana-Geistestrainings, Norbu Verlag 2009

- Kunga Rinpoche, Lama and Brian Cutillo, Übers., Drinking the Mountain Stream. Boston: Wisdom, 1995.

- Lhalungpa, Lobsang, Übers., The Life of Milarepa. London: Penguin, 1979.

- Rinpoche, Mipham, Erik Pema Kunsang, Übers., mkhas pa'i tshul la 'jug pa'i sgo zhes bya ba'i bstan bcos bzhugs so (Gateway to Knowledge). trans. Hong Kong: Rangjung Yeshe Publications, 1997.

- Shantideva, byang chub sems dpa'i spyod pa la 'jug pa. Sarnath: Vajra Vidya Institute. Library, 2004.

HINWEIS ZUR TRANSLITERATION

Da dieser Text für einen allgemeinen Leserkreis bestimmt ist, sind Sanskrit-Begriffe lediglich lautschriftlich wiedergegeben. Für Leser mit Sanskrit-Kenntnissen mag dies frustrierend sein, weshalb die folgende Liste die korrekte Transliteration jener Schlüsselbegriffe enthält, die der leichteren Aussprache wegen davon abweichen.[13]

Sanskrit Begriffe

Avalokiteshvara	Avalokiteśvara
Atisha	Atīśa
anatman	anātman
Atisha Dipamkara Shrijnana	Atiśa Dīpaṃkara Śrījñāna
bhumi	bhūmi
Bodhipathapradipa	Bodhipathapradīpa
dharmakaya	dharmakāya
maha	mahā
Mahayana	Mahāyāna
Nagarjuna	Nāgārjuna
nirmanakaya	nirmāṇakāya
nirvana	nirvāṇa
paramita	pāramitā
Rajagriha	Rājagṛha
samadhi	samādhi
sambhogakaya	saṃbhogakāya
samsara	saṃsāra
Shakyamuni	Śākyamuni
shamatha	śamatha
Shantideva	Śāntideva
shunyata	śūnyatā

13 Anm. der deutschen Übersetzerin: Für die deutsche Aussprache von tibetischen und Sanskrit-Wörtern gilt: »j« wie deutsch »dsch«, »ch« wie deutsch »tsch« und »sh« wie deutsch »sch«.

shravaka	śrāvaka
sutra	sūtra
svabhavikakaya	svabhāvikakāya
trisvabhava	trisvabhāva
vipashyana	vipaśyanā

Kontaktadressen:

Bodhi Path – Buddhistisches Retreat-Zentrum
Kaierstr. 18
77871 Renchen-Ulm

Tel. 07843-7232
E-Mail: info@bodhipath-renchen-ulm.de
www.bodhipath-renchen-ulm.de

Dhagpo Möhra
Schedrub Tschöpel Ling
Hofmannshöhe 1
36433 Bad Salzungen OT Möhra

Tel.: +49 – (0) 36 95 – 85 07 52
info@dhagpo-moehra.org
https://dhagpo-moehra.org/

Nähere Informationen zu Shamar Rinpoches Aktivitäten, zu Bodhi Path Zentren sowie zum Dhagpo-Mandala finden Sie unter:

www.bodhipath-renchen-ulm.de
www.bodhipath.org
www.shamarpa.org

https://dhagpo-kagyu-mandala.de/
https://www.dhagpo.org/en/

Weitere Bücher des Norbu Verlags

Mahamudra
Das Licht des wahren Sinnes

Ein praxisbezogener Überblick über den Mahamudra-Weg

mit einer ausführlichen Biographie von Djamgön Kongtrül und den Lebensgeschichten der wichtigsten Mahamudra-Linienhalter

Gebundene Ausgabe, Lesebändchen
387 Seiten | € 28,90
ISBN 978-3-944885-00-1

Tilmann Lhündrup, Ursula Flückiger, Fred von Allmen

Mahamudra und Vipassana

Gewahr Sein
Retreatunterweisungen

Gebundene Ausgabe,
Lesebändchen
408 Seiten | € 26,90
ISBN 978-3-944885-07-0

Gampopa

Der kostbare Schmuck der Befreiung

Gebundene Ausgabe,
2 Lesebändchen
304 Seiten | € 26,90
ISBN 978-3-940269-00-3

Gampopa

Die kostbare Girlande für den höchsten Weg

Mündliche Unterweisungen
von Djetsün Gampopa

Taschenbuch
104 Seiten | € 16,90
ISBN 978-3-944885-02-5

Der Mahamudra-Meister Djetsün Gampopa

Sein Leben und Wirken

Gebundene Ausgabe
216 Seiten | € 24,90
ISBN 978-3-944885-24-7

Lodjong
Der große Weg des Erwachens

Grundlagentexte des Mahayana-Geistestraining mit einer ausführlichen Biographie von Djamgön Kongtrül und den Lebensgeschichten der wichtigsten Mahamudra-Linienhalter

Gebundene Ausgabe mit Schutzumschlag,
2 Lesebändchen
416 Seiten | € 28,90
ISBN 978-3-940269-02-7

Gendün Rinpoche

Der große Pfau

Die Umwandlung der Emotionen im tibetischen Buddhismus

Taschenbuch
144 Seiten | € 14,90
ISBN 978-3-940269-01-0

Gendün Rinpoche

Herzensunterweisungen eines Mahamudrameisters

mit ausführlicher Biografie von Gendün Rinpoche

Gebundene Ausgabe,
Lesebändchen
288 Seiten | € 21,90
ISBN 978-3-940269-03-4

Milarepas gesammelte Vajra-Lieder
Band 1

Gebundene Ausgabe
264 Seiten | € 21,90
ISBN 978-3-944885-03-2

Milarepas gesammelte Vajra-Lieder
Band 2

Gebundene Ausgabe
272 Seiten | € 21,90
ISBN 978-3-944885-04-9

Tsültrim Allione
Tibets weise Frauen

Gebundene Ausgabe
398 Seiten | € 25,90
ISBN 978-3-944885-25-4

Dom Robert LeGall, Lama Jigme Rinpoche

Der Pater und der Lama

Ein Dialog mit Frédéric Lenoir über die Natur des Geistes und das Wesen Gottes

Softcover
368 Seiten | € 24,00
ISBN 78-3-944885-20-9

Fred von Allmen

Die Freiheit entdecken

Grundlagen buddhistischer
Erkenntnis-Meditation

Gebundene Ausgabe
168 Seiten | € 18,90
ISBN 978-3-944885-14-8

Unser Gesamtprogramm finden Sie auf unserer Webseite:

www.norbu-verlag.de

Raitenbucherstr. 17
D-78853 Lenzkirch
Tel.: +49 – (0) 76 32 - 59 66
E-Mail: info@norbu-verlag.de